JN086251

# ハーモニーの教育

### ポスト・コロナ時代における世界の新たな見方と学び方

リチャード・ダン 著

永田佳之 監修・監訳

神田和可子・安齋麻友子・本川絢子
安田侑加・吉田眞希子
訳

山川出版社

CLARENCE HOUSE

I am delighted to see the publication of this Harmony Teachers' Guide, which I hope will inspire teachers to include across their curricula Nature's vital principles of Harmony.

I have long believed that if we hope to pass on to our children a healthier, more balanced and much more sustainable way of living, then we have to encourage them to see how profoundly Nature's cycles, patterns and processes are rooted in the same universal principles. These principles reveal that we do not stand apart from Nature. Like everything else, we are very much part of Nature. In fact, I would go further. These principles teach us that we *are* Nature. If we ignore the way Nature works, we ignore the way we work. And thus it follows that if we injure Nature by disrupting her necessary patterns and processes, we also do long-term injury to ourselves.

In 2010, when I wrote the book 'Harmony: A New Way of Looking at Our World,' in collaboration with Tony Juniper and Ian Skelly, my aim was to highlight these universal principles. I wanted to show how profoundly humanity is anchored to them and how the extraordinary geometry found in Nature has always been integral to the art, architecture and music of the great sacred traditions of the world. The aim of this guide is to offer ways of demonstrating how this geometry can also teach us about the way we might better operate in the world today, working *with* the grain of Nature rather than against it, whether it be in the way we produce our food or design and build our towns and cities.

Unless we recognize how Nature strives for health by seeking harmony and understand that we, too, are very much part of this integrated, self-sustaining system, then we will continue to struggle in our response to the major crises we face. If we hope to reduce global warming, and thereby arrest climate change, and if we hope to counter the terrifying levels of biodiversity loss that are accelerating on land and in the oceans, we have to forge a way of living that puts Nature first.

Alas, since writing my book, the plight of our planet has become even more precarious. Thankfully, at long last, people are beginning to wake up to the perilous state our actions have brought about, so it is absolutely vital that we develop a circular bio-economy as rapidly as possible which places Nature at the very heart of it and draws inspiration from Nature's genius. This is why I believe the way younger generations learn about their place in the world is absolutely key to us forging a healthier and more sustainable way of living. Children's perception of the world lies, of course, in the hands of their teachers, so I very much hope this guide will inspire teachers to develop innovative ways of learning across all subject areas so that they can offer their students a deep and comprehensive understanding of humanity's true relationship with the natural world.

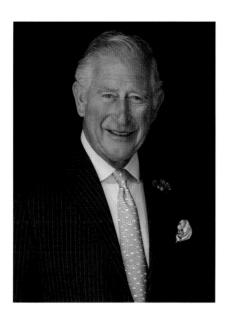

「ハーモニー：ティーチャーズ・ガイド」の刊行を目にすることができ、とても嬉しく思います。本書によって教師の皆さんが鼓舞され、自然界のきわめて重要なハーモニー原則がカリキュラム全体に取り入れられることを願っております。

長きにわたり、私はこう信じてきました。それは、より健やかで安定した持続可能な暮らしの方法を子どもたちに伝えようとするのなら、自然界に見られる循環（サイクル）や模様（パターン）や過程（プロセス）がいかに同じ普遍的な諸原則に深く根ざしているのかということをまなざすように勧めるのがよいということです。これらの原則で明らかなのは、私たちは自然界から切り離されているわけではないということです。あらゆるものと同様に、私たちはまさに自然界の一部です。さらに言うならば、これらの原則が教えてくれるのは、私たち自身が自然そのものであるということなのです。もし、私たちが自然界の成り立ちを無視するならば、私たち自身の成り立ちを無視することになるでしょう。すなわち、次のように言えるのです。私たちが自然界にとって欠かせない模様（パターン）や過程（プロセス）を壊して傷つけるのであれば、長期的には私たち自身を傷つけることにもなるのです。

2010年に『ハーモニー：私たちの世界の新しい見方』をトニー・ジュニパー氏とイアン・スケリー氏とともに執筆しました。そのとき私が目指したのは、これらの普遍的な原則に光を当てることでした。そこで示したかったのは、人間性がどれほど深く諸々の原則に根ざしているのかということ、そして自然界に見出せる驚くべき幾何学が、世界の偉大で神聖な伝統の芸術、建築、音楽にどれほど

欠かせない存在であり続けたのか、ということでした。今日の世界でよりよく私たちが活動していくためにはどうしたら良いのか、その方法について幾何学は論（さと）してくれます。食べ物を作る方法であれ、私たちの街や都市を設計して建設する方法であれ、自然界に対抗するのではなく自然界の恵みとともに生きていくということ——このガイドブックの狙いはそうした実践方法を示すことなのです。

自然界がハーモニーを求めながらいかに健全さを懸命に保とうとしているのかということや、私たちもまさに自分で自分を支えている自然界というシステムの不可欠な一部であるということを認識しなければ、自分たちが直面している大きな危機への対応にあがき続けることになるでしょう。私たちが地球温暖化の影響を少なくすることで気候変動に歯止めをかけることや、陸上と海洋において急速に進む危機的状況の極みにある生物多様性の喪失を防ぐことを望むのであれば、何よりも自然界を大切にする暮らし方を築いていかなければなりません。

悲しいことに、私の著書をしたためてから、私たちの地球はいっそう深刻な苦境におかれています。ただ、ありがたいことに、人々は自分たちが引き起こしたきわめて危険な現状にようやく目覚めはじめたのです。ついては、このうえなく重要なことは、循環型のバイオエコノミーをできるだけ早急に促進させること、すなわち経済活動の中心に自然界を据え、自然界の叡智からインスピレーションを得るということです。したがって、私が信じるに、より健全で持続可能な暮らし方を培っていくうえで重要な鍵を握るのは、若い世代が世界における自分たちの場所について学ぶことなのです。言うまでもなく、子どもがいかに世界を理解するようになるかは教師しだいです。それだけに、私が切に願うのは、このガイドによって新たな発想を得た教師たちがあらゆる科目の垣根を越えて刷新的な学習方法を身につけることであり、その結果、自然の世界と人間の真の関係性について深くて包み込むような理解を生徒たちに授けることができるようになるのです。

※署名以外はチャールズ皇太子による原文を翻訳したものを掲載しております。

# 謝 辞

日本の「チーム・ハーモニー」の皆さまに感謝申し上げます。

本書『ハーモニー：私たちの世界の新たな見方と学び方』の日本語版は、聖心女子大学の大学院生および彼女らの友人からなる「チーム・ハーモニー」による並々ならぬ献身的かつ懸命な努力なしには不可能であったことでしょう。このスペシャルな人たちは作業に精力的に取り組み、このような素晴らしい翻訳書を出版するに至りました。神田和可子さん、安齋麻友子さん、本川絢子さん、安田侑加さん、吉田眞希子さん、そして永田佳之教授、一人ひとりの驚くべきエネルギーと情熱に感謝の意を表します。

この本のメッセージを日本中の教育者に届けるという彼らのよき取り組みが、多くの学校が学習に対してより統合的なアプローチを取り入れる際の手助けになることを切に望んでいます。そのアプローチとは自然界の「ハーモニー原則」によって導かれたものであり、その原則は何のために学んでいるのかというリアルな感覚が子どもたちにもたらされるプロジェクトを中心に据えた学習の枠組みとともにあります。私たちは危機的な時代を生きており、今こそ若者を教育する新しい方法を見出す必要があるのです。それは、より統合された学び方のアプローチに向けて教科ごとのスキルや知識を適用させていくことなのです。

この取り組みでは子どもたちの声が傾聴されます。その結果、彼らは知識の受け手ではなく変化の担い手として自らをとらえるようになるでしょう。この新しい学習方法を日本の教育分野へ取り入れるうえで「チーム・ハーモニー」が重要な役割を果たしていくことを確信しています。今後、数カ月そして数年にわたって彼らの重要な取り組みがどのように発展していくのかについて聴くことができるのを心待ちにしています。私たちがより持続可能な暮らし方を創造するためには自然の「ハーモニー原則」を理解し、自然と調和した関係の中で生きることを学ぶことからはじめる必要があるのです。

深い感謝を込めて
リチャード・ダン

# ポスト・コロナ時代の教育へ

## ダンフリーズ・ハウスでの集い

2019年10月末、スコットランドの片田舎にあるダンフリーズ・ハウスという館に世界中から気候危機を憂える36人の専門家が集いました。イギリスや英連邦諸国、欧米やアジア諸国からやってきた建築家や医者、環境活動家、農場経営者、起業家、国連職員、学校や大学の教師たちです。

彼（女）らは3つの点で共通した認識をもっていました。第1に、このまま地球規模の温暖化が続くと不可逆的な事態に人類は直面し、その存続すら危ぶまれるということ。第2に、こうした事態を解決するのにもっとも重要なアプローチは教育であるということ。そして第3に、持続可能な未来につながる教育はチャールズ皇太子（ウェールズ公チャールズ王子）の提唱する「ハーモニー原則」に基づいた教育であるということです。

彼（女）らの主張は、気候変動や地球温暖化について本格的に教えるべきだ、と言っているのではなく、気候変動を引き起こしてきた教育のあり方自体を根底からとらえ直さねばならない、というものです。いくつかの教科ごとに知識を教え、試験で試すような旧態依然たる教育をもって上記の地球規模問題に取り組んでも限界があり、むしろ地球の持続不可能性を助長してしまうかもしれない。そうではなく、根本から教育を変えていくのに有効なアプローチとして「ハーモニー原則」に期待を寄せ、実際に各々の専門領域で実践してきた、またはそうした実践を支援しようとしている人々がダンフリーズ・ハウスに集ったのでした。

会場となったダンフリーズ・ハウスは、チャールズ皇太子の慈善団体が所有する広大な有機農場にある、1750年代に造られた館です。この館を舞台に晩餐会で親睦を深めた後、タペストリーの間で筆者も含めた10人がチャールズ皇太子に進言をしました。この10人の主張に傾聴しながらチャールズ皇太子は「私たちは自然の一部でもあるけれど、自然そのものでもあるという認識が大切です」と述べ、根源的なアプローチで臨むことの重要性を私たちに諭しました。

その後、年が明けて新型コロナウイルス（COVID-19）が世界を席巻したとき、チャールズ皇太子もウイルスに感染したという報道は世界を驚かせました。多くの科学者や思想家は、世界に多くの犠牲者を出したウイルスの根源は人間の自然界への冒涜であると指摘しています。実際に、グローバル化が急速に進んだこの20年あまり、新型のウイルスが未曾有の頻度で勃発しています。結果を熟慮せずに、欲に従うままに森林伐採などの開発を続け、野生動物の世界に人間が接近しすぎたのが原因であるとする論者は少なくありません。こうした自業自得ともいえる行為につとに警鐘を鳴らしてきた皇太子が感染するとは、このうえ

ダンフリーズ・ハウス　　　　　　　　　　　　　　　　　（筆者撮影）

ない皮肉にも思われますが、ダンフリーズ・ハウスに集った私たちには、前述の言葉がなおいっそう真実味をもって迫ってきたのは言うまでもありません。私たちはこれからポスト・コロナ時代を生きていくわけですが、教育をはじめあらゆる領域で「ハーモニー原則」の重要性が注目されるといえましょう。

## 英国内外で注目される「ハーモニーの教育」

チャールズ皇太子の世界観は『ハーモニー：私たちの世界の新しい見方』に著されています。そこでは「多様性の原則」や「循環の原則」「相互依存の原則」など、いくつかの重要な原則、つまりあらゆる領域の実践が拠って立つことのできる基盤が唱えられています。
さて、教育分野でこの原則に基づいた実践を見事に行ったのが英国のアシュレイ小学校という公立の小学校です。同校で2019年までの18年間、校長を務めたのがリチャード・ダン先生。ダン先生はかつて南極に2度ほど旅を

し、溶けゆく氷山や動植物の変容を目の当たりにし、自身の学校から「世直し」をしていくことを決意します。そのときに有効なアプローチとして出会ったのがチャールズ皇太子の「ハーモニー原則」でした。
ダン校長が「サスティナビリティ革命」と呼ぶその改革は功を奏し、たくさんの子どもたちが希望をもち、ハッピーになり、その結果、学校の成績も良くなりました。筆者が学校訪問時に出会ったアシュレイ小学校の子どもたちは、持続可能な未来は自分たちが築くという

アシュレイ小学校を訪問したチャールズ皇太子とリチャード・ダン校長(当時)　　　写真提供：リチャード・ダン

責任感と自信と謙虚さをもち合わせた素晴らしい若者でした。彼（女）らは、世界は厳しい情勢に置かれているという知識をもってはいますが、決して希望を失わず仲間とともに前向きに生きているしなやかさを備えていました。また、「ハーモニー原則」が影響をもたらしたのは子どもだけではありません。教師たちや保護者も元気になり、地域も活性化され、校内には立派な「ハーモニー・センター」まで造られました。実際にチャールズ皇太子も同校を訪れ、この学校は唯一、ハーモニーの諸原則を具現化している実践校である、と称賛したのでした。

「ハーモニーの教育」を実践してきたアシュレイ小学校は、ユネスコが主導してきた「国連ESD（持続可能な開発のための教育）の10年」（2005-2014年）の国際賞で英国代表になったこともあり、国際的にも注目されるようになりました。そのESDは、近年一般にも知られるようになったSDGs（持続可能な開発目標）を実現可能にする役割（'enabler'）として2019年暮れの第74回国連総会で決議された教育です。

同総会に先立つ同年11月の第40回ユネスコ総会で採択された新たな教育の枠組みである「持続可能な開発のための教育：SDGs達成に向けて」（'ESD for 2030'）には、テクノロジーがあたかも万能であるかのごとくとらえられる傾向にある今日、これまでにも増して重視されねばならないのは「持続可能性の原則」であることが明記されています。「ハーモニー原則」の教育は、まさに持続可能な未来へと私たちを指南する教育として注目されてしかるべきでしょう。

また、'ESD for 2030'には、開発そのものをとらえ直すような見方を養うのがESDならではの教育の特徴であることも明記されています。行き過ぎたグローバル化を問い直す資質や能

力はまさにポスト・コロナ時代の教育に期待されてしかるべきですが、ダン校長の実践してきた「ハーモニーの教育」はそうした期待に具体性をもって応えられるといえましょう。

・・・

「ハーモニーの教育」を初めて日本で本格的に紹介する本書は、気候変動などの地球規模の諸課題に教師が次世代の子どもたちと取り組めるように、学校現場を想定して編まれたガイドブックです。20年近くにわたり、「普通の公立学校」で展開された教育実践に裏打ちされた原則と体系が描かれています。「自然界に見出せる7つの原則」、すなわち「幾何学の原則」「循環の原則」「相互依存の原則」「多様性の原則」「適応の原則」「健康の原則」「ひとつらなりの原則」とは何か、それを支える枠組みはどのようにできているのか、またあらゆる学年を通して培われている今世紀の価値観とは何か、それらを養う「問い（かけ）」の学習はどのような体系に位置づけられているのか、刷新的な学びの集大成ともいえる「グレート・ワーク」とはどのような学習か…等について具体的に示しています。自然界の原則に則った学びの営みは、新型コロナウイルス感染が席巻して疲弊した世の中で教師たちの力の源となり、次世代を鼓舞し、希望へと導くことでしょう。

なお、邦訳した本文に後続する解説として、筆者が「ハーモニーの教育」の特徴を概説しています。ダン先生との出会いを通してみずからの取り組みを「ハーモニーの教育」としてとらえた中村真理子先生（京田辺シュタイナー学校）の実践紹介も掲載させていただきました。この場を借りてお礼を申し上げます。

さらに、日本で実際にこれらの原則に則った実践を行う際に活用していただくためのワークシートも付けました。翻訳のみならず、ワークシートの開発にともに尽力した「チーム・ハーモニー」の大学院生一人ひとりに謝意を伝えます。これらの資料も含めて本書が少しでも日本の学校を元気にし、「サスティナビリティの文化」（'ESD for 2030'）が学校に、そして社会に根づいていく端緒となれば幸いです。

永田佳之

追記：

本書に掲載したチャールズ皇太子による序文がクラレンス・ハウス（皇太子の公邸）から届いたのは2020年3月27日でした。チャールズ皇太子が新型コロナウイルスに感染していたことが世界中に報じられたのはその2日前でしたので、落掌は無理であろうと思い込んでいた矢先でした。3月24日の時点で英国ではロンドンを中心に8,077人が感染し、422人が亡くなっていたので、皇太子にとっても気が気ではない状況だったと推察されます。陽性反応が出る前にしたためたのか、それとも病床に伏しながら執筆されたのかは分かりませんが、そこに書かれた格調高い文章は、まさに今回のウイルス禍の原因である行き過ぎた都市化とグローバル化に警鐘を鳴らすメッセージです。約束どおりに原稿を送ってくださったクラレンス・ハウスの誠実な応対とチャールズ皇太子の誠意に深謝するばかりです。

目 次

Contents

**91**

学びにおける「ハーモニー原則」

**109**

「グレート・ワーク」

**142**

21世紀の学校

この本をアシュレイ小学校の子どもたちと教職員に捧げます。アシュレイ小学校はイギリスの教育水準監査院が12年間（2019年現在）優良校に認定している学校です。本校において教授と学びの手法を確立できたのは教職員の熱意と献身のおかげです。そして、学びに積極的に参加する子どもたちの意欲が、この教授と学びの手法に成功をもたらしてきました。

それとともに、私はチャールズ皇太子の著作、特に『ハーモニー：私たちの世界の新しい見方』から、この新しい学びのあり方のビジョンとインスピレーションを授けられました。このことに対して感謝申し上げたいと思います。

リチャード・ダン
アシュレイ小学校校長

# 21世紀がはじまって20年近く経つ今、私たちが歩みたい道、私たちが創りたい未来について考えると、向き合わなければならないいくつかの大きな課題があります。

## はじめに

「教育には革命が必要である」。そのような想いから私はこの本を書こうと決めました。多くの場合、教育には無味乾燥で、よそよそしいところがあります。知識を詰め込み、テストをするプロセスになってしまったのです。子どもたちが学ぶ内容に意味やつながりを感じないのなら、彼らは飽きて退屈してしまいます。

しかし、私が30年間教師、そして校長として自分の目で見てきたことがあります。それは、学びが本来目指す目的に基づいていて、各教科における技能や知識が意義深く活かされるのであれば、子どもたちは成し遂げることに対し、非常に意欲的になるということです。こうした手法にはウェルビーイング※1のしたたかな感覚があるのです。

子どもたちが学びを自ら導き、創造的な方法で成果を発表し、そして多様な行いについて価値づけられるならば、彼らはよく学び、幸せを感じることでしょう。

重要なのは、自然が教師となるときにこそ、この取り組みが最大限に鼓舞されるという点です。子どもたちを自然界へ誘い、自然とつながる機会と、周りの世界を観察し関わっていく時間を与えることが、子どもたちの人生に本当の意味で学びをもたらすのです。

このティーチャーズ・ガイドを手にとってくださった方々が、新たな学びのあり方、そしてそれがいかに素晴らしい結果をもたらすかについて、実感をもっていただけることを願っています。

リチャード・ダン
アシュレイ小学校校長

---

左の写真：校庭に咲いている野の花

※1 'well-being'。心身ともに健全であること。

# 7,600,000,000人

2099年

# 10,000,000,000,000人

（推計）

現在世界には76億人もの人がおり、
今世紀末には100億人を超えようとしています。

その一人ひとりが懸命に生き、
成功するための方法を探しています。
しかしながら、
貧富の格差は開き続けています。

私たちは際限なく資源を消費する
グローバル経済の中を生きています。

# 地球 1.6 個分の資源

私たちは、毎年地球の1.6個分と
同等の資源を消費していると推測されています。
しかしながら、これらの資源は有限で、
慎重に扱わなければなりません。

## 私たちはプラネタリー・バウンダリー[2]の中で 生きる術(すべ)を学ばなければなりません。

写真：フィレンツェ、幾何学的な都市。遠方にモダンなガラ
ス張りの裁判所。冬は暖房、夏は冷房が欠かせない。

[2] 地球が許容できる臨界を示す概念。ストックホルム・レジリエンス・センターのヨハン
＝ロックストロームらが提唱した。

地上から生物多様性が
今までにない速さで失われている現在は、
6番目の絶滅期の最中にあるといわれています。

自然界の豊かな多様性としなやかな強さ※3は
少ししか明らかにされていませんが、
未曾有の脅威にさらされています。

# たくさんの課題

**大気・水・土壌の汚染の原因である産業化は自然のエコシステムと人間の生活の質の両方を悪化させ、破壊しています。廃棄物、特に生分解性でないプラスチックは私たちの美しい陸地と水を危機にさらしています。**

身勝手な戦争と気候変動のせいで、多くの人々が故郷から身の安全を守るために移住しています。この大々的な人口移動は、大きな課題です。受け入れ国では、怒りや恨み、不寛容の文化が生まれています。

理解し合うことを希求する世界で、私たちは絶望的な状況下にいます。社会もまた危機的な状況にさらされています。

温暖化は、かつてない速さで進んでいます。化石燃料の使用がさらに現状を悪化させて

います。気候変動は、すべての生命が拠りどころとする自然界を不安定にしていますが、私たちは気候変動を止める術を知りません。未来の気候や気象現象のメカニズムはもはや予測不可能です。

技術やソーシャルメディア、携帯電話は巨大なネットワークを作りましたが、同時に、現実から私たちの目を逸らしています。このような状況下で、平和を感じるのは簡単ではありません。

**このような世界において、自らの可能性に気づき、よりよく生き、人生を成功に導くための最良の機会を与えてくれるような教育が若い世代に必要なのです**

写真：南極半島の氷山のあいだにできた通り道

※3 原語の「レジリエンス（resilience）」は「強靭力」などと訳されてきたが、ここでは「しなやかな強さ」として訳出している。

# 実生活と
# つながる学び

**今日の世界の教育システムは、評価や
テスト、成績といった定量的な成果に基
づいています。**

もちろん、それらは学習の進歩や到達度を
判断する手段ではあります。しかし、教師主
導で詰め込み型の学習に支配された、非常
に狭い教育観につながります。子どもたちの
目線からすれば、それは退屈で子どもたち
自身が自ら学ぼうとする機会を失う可能性
があります。この手法は教育の本来の意味
である"educare"の「導く、引き出す」とい
う定義からはかけ離れています。

競争が激化した社会における課題は、到達
度や進歩を測る必要性と、学びに意味をも
たせて応用していくことの必要性とのバラン
スを取れるように、若者を導く方法を見つけ
ることです。この応用によって、学びは生き
生きとなり、子どもたちは世界を理解できる
ようになるのです。このバランスは紙一重で
すが、積み上げられてきた膨大な知識と実
体験から得られる知恵や理解とをつなげら
れる市民をはぐくむことが私たちの使命で
あるならば、それはとても重要なことです。

**では、我々はそれをどのように実現で
きるのでしょうか。子どもたちが学びを
実生活に活かせるような、教育のパラ
ダイムシフトをどのように起こすことが
できるのでしょうか。**

写真：トチの実ゲームは、毎年秋に行われる学校全体のイ
ベント。

# 学びへのアプローチ

このガイドで紹介されている情報は、ある学校の学びのモデルに基づいています。
それは10年以上にわたって発展させてきたモデルです。
その学校とは、イギリス、サリー州のウォルトン・オン・テムズという街にある
アシュレイ小学校(*Ashley CofE Primary School*)です。

## イギリスの小学校における教育の変遷

学校の標準化やテストという課題が導入される前、小学校における伝統的な学習方法はトピックを通じて教科横断型に学ぶことでした。これらのトピックは基本的に学校の外の世界で起きていることとつながっていました。特に地元における関心ごとや教師にとって興味のある分野です。このアプローチは創造的な学びを生み出しますが、英語や数学といった必須の技能を身につけるという面では十分な効果を発揮することはできませんでした。1990年代後半、読み書き計算の時間を導入するとともに、学びは型にはまったものになっていきました。確かに、これは読み書き計算というコア・スキルの水準を改善したかもしれません。しかし同時に、多くの学校における学びは、かつての教科横断型のカリキュラムや子ども主体の実践から遠ざかっていきました。

## 適正なバランスを探して

今日もなお、より統合的な学びへのアプローチを実践し続ける小学校は存在します。しかし、英語の文法や句読点の使い方、スペルそして読解に加え、算術や推論など数学を教えることへの社会的な高い要求は、時間割を設計するうえで大きな負担となります。コア・スキルの習得と意義深い実践のバランスはますます紙一重になっているのです。

アシュレイ小学校で主眼をおいてきたのは、学びに本当の目的を与えること、そして学びのプロセスを子どもたちが主導していくことでした。私たちはこのガイドで紹介する4つの方法でこのことを実現してきたのです。

右の写真:子どもたちは、来年の種まきに備え、どのように種を収穫し、貯蔵しておくのかを学ぶ。

# 1 価値観
# 2 学びの問い
# 3 「ハーモニー
# 4 「グレート・ワ

※4 日本での1学期、2学期、3学期に当たる学期を、アシュレイ校では秋学期、春学期、夏学期と定めている。半学期とは、それらの各学期を半分に分けた期間を指す。

第1に、私たちは学校でのすべての関わり合いの原点となる一連の価値観を形成してきました。これは、学校コミュニティの誰もが幸せで、安全で、サポートされていると感じることができるような、学びの文化を確立するためです。また、毎日の行動を導き、伝えることができる言葉を子どもたちに提供することでもあります。

第2に、各半学期※4に一度行われる学びのプロジェクトが本質的なものとなるよう、「学びの問い」(enquiries of learning)を導入してきました。もっと容易に各々の取り組みに子どもたちが参加しやすくなるよう、学びを進めていくうえで問い(learning questions)を用いてきました。これにより無味乾燥な学習目標を改めることができたのです。

原則」

第3に、どのように自然の「ハーモニー原則」が私たちを学びの理解へ導くことができたか、また、どのように一つひとつの問いから「サスティナビリティ※5に関するテーマ」が引き出されたかを、私たちは検証しました。これによって学習上の探究と広義の学校運営においても、子どもたちがリーダーシップを担う可能性が拓かれたのです。そして彼らは自分自身を変化の創り手としてみなすことができるようになりました。

ーク」

最後に、「グレート・ワーク」と呼ぶものを導入しました。「グレート・ワーク」は学習成果の集大成であり、いくつもの学びにつながりをもたらす手段です。各半学期の終盤に開催される、思い出に残るアクティビティやイベントを通じて行われるのです。「グレート・ワーク」は、子どもたちにプレゼンテーションとパフォーマンスの多様な技能を養う機会を提供し、半学期にわたって本来の学びの意味を与え続けました。また、子どもたちが質の高い作品を作ることも可能にしました。
出来の良くない作品を分かち合いたい人などいないのです。

※5「持続可能性」を指し、教育実践でも人間のみならずありとあらゆる生き物にとってかけがえのないものがずっと続くことが目指される。

# 価値観

私たちの学校では、**価値観が私たちの実践や行動を導き、影響を与え ます**。この**価値観は学校がある地域のコミュニティにも共有されていま す**。これは、**宗教学校、コミュニティースクール、フリースクール、特別支 援学級などを含む各学校の運営方法に一貫性をもたらします**。

### 価値文化をつくる

価値観を各学校の中心、そしてエートス に据えるために、そもそもどのような価 値を根本に置くのか話し合い、合意する 必要がありました。このプロセスには、 教職員、子どもたち、さらに保護者のコ ミュニティが関わりました。

私たちは、学校コミュニティのメンバー と相談し、この学校にとってもっとも重 要だと感じる価値観を彼らにたずねる ことによって、私たちの価値観の構想を 練りました。これらのアイディアを使い、 コミュニティ内の各学校の代表となる 教師を集め、各学期にどの価値観を テーマとするのが最適かを考えました。

2年のサイクルの中で、毎月1つの価値 観に基づきカリキュラムをデザインする ことにしました。8月は夏休みなので、価 値観は定めませんでした。その結果、合 計22の価値観のリストができました。

### 価値観と月を組み合わせる

どの月にどの価値観を位置づけるかは、 比較的簡単なプロセスであることがわ かりました。

例えば、「尊敬」と「所属」は、年度始めに うまく機能します。「希望」は新年や春に ぴったりです。「協力」または「公正」は、 学校の運動会や地元のイベントが行わ れるときに醸成されやすい価値観です。 「勇気」は、変化のとき、例えば学年の 終わりや修学旅行などでとても重要な 価値観となります。

例外として、半学期ごとに1つの価値観 に注力し、その価値観を確実に学校コ ミュニティに組み込むことが最適な場 合もあります。それ以外では、毎月異な る価値観を設定する方がうまくいくで しょう。

大事なのは、2年サイクルの中でくり返 し出てくることで価値観が再検討され ることです。子どもたちが学習と発達の 異なる段階で価値観を再度見つめ直す 機会をもてるからです。例えば、「信頼」 を考えるとき、小さいときは誰を信頼す るかを考え、より高学年になった時点 で、なぜ人を信頼するのか、という観点 から再度この価値観を探究します。

### 価値観を活かす

もっとも重要なのは、価値観が手本とさ れる必要があるということです。「尊敬」 が良好な関係の支えとなると私たち教 師が考えるなら、教師が子どもに向かっ て怒鳴ったり、無礼に扱ったりすること はないでしょう。同様に、子どもたちが 一つひとつの価値観を理解し納得し、 最終的には自分のものとして活かしてい くために、充実した時間を子どもたちに 提供する必要があります。

このようなカリキュラムを複数の学校 で、そして様々な場面——初等、中等、 特別支援学校など——で共有できたら、 このアプローチの影響は大きくなりま す。

これは、コミュニティ全体が真の一体感 を実感することにつながるでしょう。

イベントを通じて、価値文化をより確か に醸成していくこともできます。学んだ 価値観をテーマに、ミュージカル、詩の 朗読会、または地元の施設でモザイク 画を作成することなどが挙げられます。

| | 1年目 | 2年目 |
|---|---|---|
| 9月 | 所属 | 尊敬 |
| 10月 | 友情 | 幸せ |
| 11月 | 自由 | 連帯 |
| 12月 | 平和 | 愛 |
| 1月 | 誠実 | 希望 |
| 2月 | 質素 | 信頼 |
| 3月 | 理解 | 思慮深さ |
| 4月 | ケア | 感謝 |
| 5月 | 自信 | 質 |
| 6月 | 協力 | 公正 |
| 7月 | 責任 | 勇気 |

合意が形成されたら、その価値観を学校の中心、そして、学校と外部コミュニティとの関わりの中心に置きましょう。その価値観が、学校の一人ひとりがお互いにどのように関わり合うかの判断基準です。価値観は、大人たち同様子どもたちが日常において、それがどのような意味をなすのか理解するのを助けるような方法で、明確にされる必要があります。

私たちの学校では、毎週の集会に加え、校内展示や金曜午後のふり返りの時間を通じて価値観を共有しています。週の終わりに各クラスで行われるこの静かなひとときに、価値観が私たちにとって何を意味するかを考えることができます。価値観が学校の言葉の一部となり、また私たちがありたい姿を形作るものとなるように、ニュースレター、教職員会議や日々の情報共有で月ごとの価値観について伝え合っています。

# 原則と価値観を
# つなげる

「ハーモニー原則」に取り組みはじめたとき、その原則を私たちの価値観に直接結びつけられることに気がつきました。

原則や価値観を分類したり、結びつけたりすることはどこか恣意的な行為ですが、それらが関連するよう努めてきました。私たちが重要であると信じる価値に対して、いかに原則と自然界の法則が大切であり、影響を及ぼしているのか ——この方法は子どもたちが原則と価値観とのつながりを理解する手助けとなっているのです。

「ハーモニー原則」と私たちで創った諸々の価値観がどのように対応しているかは、右ページに示しています。

2018年9月時点で、価値観を7つに減らしました。7つの「ハーモニー原則」に沿い、一つひとつの価値観により多くの時間 ——半学期—— を割けるようにするためです。それぞれの価値観を私たちが目指すものとして提示しています。

7つの価値観とは、尊敬、親切、誠実、責任、勇気、寛容、喜びです。

## 幾何学の原則
価値観：質、理解

**相互依存の原則**
価値観：友情、協力、信頼

**多様性の原則**
価値観：尊敬、勇気、感謝

**健康の原則**
価値観：ケア、信頼、幸せ

**ひとつらなりの原則**
価値観：愛、平和、連帯

**適応の原則**
価値観：所属、責任、希望

**循環の原則**
価値観：公正、平等、質素

「宇宙は『一つの生命体』です。すべての生き物は、生と死において密接に関連しています。私たちは他者と切り離せません。『愛』はすべての宗教の中心です。他者を愛する人は他者を傷つけることはありません。傷つけることなく、他者に平等に接し、調和の中で生きるでしょう。誰もが他者を愛する方法を知っていれば、社会は調和し、世界は平和になるでしょう。」

チャールズ皇太子
『ハーモニー』（ハーパーコリンズ、２０１０年）

写真：シャルトル大聖堂のバラ窓

# 2

# 学びの問い<sup>※6</sup>

アシュレイ小学校の学びはすべて、問いの中に位置づけられています。「問い」という言葉は、「真実や知識を探し求めること」、または「質問を通じて情報を探し求めること」と定義されています。そのため問いを基盤にした学びは、子どもたちの質問する力、調べる力、有用な知識を生み出す力、さらに生じた質問に対する解決策を求める力を養います。

## 互いに関連した学び

その実践において、学びの基盤に問いを据えると当然ながら、異なる科目の技能や知識がつながり、プロジェクトに応用されるようになります。

このアプローチのおかげで私たちはより洞察力のある学習者に、そして良い問いを立てられる人になります。
もしより健全で、持続可能な未来を創ろうとしているなら、私たちは、当たりまえを問い直し、果敢に挑み、改善する方法を探さねばなりません。それは、子どもたちが関わる地球規模課題にプロジェクトを通じて取り組むことで、学校、地域、もしくはグローバルなレベルで行われるでしょう。このように学んだ経験は、子どもたちが大人になったあとの考え方や行動にも当然影響を与えるでしょう。

学校で観察していると、問いを通した学びのおかげで、子どもたちは、とても力強く元気に学んでいることが分かります。子どもたちはもっと知ろうとするのです。この方法で学びが行われると、私たちは優れた成果を実感できるようになります（コア・スキル、知識の習得は保証され、学びのプロセスの中で活用されています）。ここでの課題は、いかに基礎的知識や能力の習得と、意義深く応用することのバランスを取るかです。

## 的確にタイミングを合わせる

学年ごとに、1年で6つの「学びの問い」を扱います。年間を通してそれらの問いは歴史や地理、理科などと結びついたプロジェクトによって焦点が当てられています。1年で平均して2つずつの歴史、地理、理科のプロジェクトを行っています。

諸々の問いを1年の中の適切な時期に扱われるようにします。そのため、作物の成長に関する問いは、夏期の月から収穫の時期にかけて位置づけられています。蜂や蝶のライフサイクルや地元の生物多様性も、植物や野生の生き物がよく見られる夏の時期に学びます。逆に、寒い冬の時期に南極と北極に関するプロジェクトを行います。子どもたちがシャクルトン<sup>※7</sup>について学んでいるときは、寒い冬の日に手袋と帽子を身につけて運動場に出て、南極での冒険の日記を書きます。冬はより暗く、夜空の星座や惑星を観察しやすいので、星や太陽系についても学びます。

いつ何を教えるかを考えることは、学びを意味あるものにするための重要な鍵です。

## 子どもたちの想像力をとらえる

問いかけを考えるとき、1つの質問を冒険の旅をはじめるようなものにしたいのです。問いかけが子どもたちの想像力を駆り立てたら、子どもたちは自然と調べてもっと知りたいと思うでしょう。したがって、質問は非常に慎重に考えなくてはいけません。

問いかけを設定するとき、子どもたちに、それまで何週間もかけて学んできた問いに関連して何を学びたいかをたずねることは常に良い作用をもたらします。これは、学びを活性化させるさらなる質問を生成するのに役立つのです。

---

左の写真：マインドフル幾何学の授業

※6 アシュレイ小学校の実践では一般的に、「問い」(enquiry)は数カ月続くようなプロジェクトを通じて探究される「大きな問い」を意味する一方、「質問」(question)は特定の授業や活動の中で生まれる「具体的な問い」を表す。なお本文で用いられている'enquiry question'はここでは「問いかけ」と訳出した。
※7 3度イギリスの南極探検隊を率いた探検家。

# コア・スキルの応用

私たちのカリキュラムは、半学期ごとの「学びの問い」に基づいており、それぞれの問いに約6週間かけて取り組みます。英語と算数のコア・スキルは、問いからは独立して教えてもよいのです。しかし、それらは半学期の問いにつながるアクティビティと探究学習に応用されます。子どもたちが英語と算数で学んでいることに関連があるからです。

## 主要科目の技能

文法は問いに結びつけられるような特定の作文の手助けとなるように教えられることもあります。あるいは、問いへつながる探究学習を通じて算数の概念を実践し身につけることもできます。このアプローチによって、子どもたちは主要科目の技能を多様な意味のある方法で使用するようになります。これはやる気をもたせる学び方です。

全教科を常に同時期に教えているわけではなく、問いに合わせて教える科目を決めています。つまり、問いは私たちにいつ何をするかを指示するのです。

## 問いの旅

それぞれに問いは包括的な問い1つと、各週の学習に焦点を当てた質問で構成されており、段階的に問いを作成して結論を導きます。問いかけ自体は、興味深い学びを可能にするような方法で構成し、覚えやすいように明確にする必要があります。

## 柔軟なアプローチ

すでに強調したように、1つの学びの問いに向き合う期間は、ほとんどの場合、6週間程度です。場合によっては、短い期間で行われたあとに再度、その問いを扱うようにすることもあります。たとえば、季節に応じて木々の循環について学ぶとき、葉が色づいて果物が収穫される秋の季節からはじめます。さらに、続く冬、春、夏の3シーズンにわたってこのテーマに戻り、1週間限りのプロジェクトを行い、それぞれの時季に何が起こっているのかを探ります。

# 「学びの問い」の カリキュラム

## レセプションイヤー ※8

---

### 秋1
私をスペシャルにしているものは
何ですか。(理科)

---

### 秋2
私たちを助けてくれるのは誰ですか。
何をどのように祝いますか。(歴史)

---

### 春1
私たちが大好きな物語はどれですか。
またその理由は何ですか。(歴史)

---

### 春2
どのように私たちは
そこにたどり着きますか。(地理)

---

### 夏1
教室の外には
どのような生き物がいますか。(理科)

---

### 夏2
家畜について何を学ぶことができますか。
(理科)

---

※8 9月の時点で4歳になる子が対象の、1年生になる前の学年。

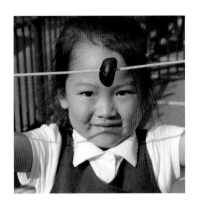

# 1年生

### 秋1
どうすれば
スーパーヒーローになれますか。
（理科）

### 秋2
おもちゃやゲームはどのように
変わりましたか。（歴史）

### 春1
ビクトリア朝時代から学校は
どのように変わりましたか。（歴史）

### 春2
カリブ海での生活は
どのようなものですか。
（地理）

### 夏1
あなたのお気に入りの野の花は
どれですか。それはなぜですか。
（理科）

### 夏2
なぜ私たちは海辺にいるのが
好きですか。（地理）

# 2年生

### 秋1
健康であるとは
どのようなことを意味するのでしょうか。（理科）

### 秋2
ロンドン大火の後、街はどのように
適応し、変化したのでしょうか。（歴史）

### 春1
どうすれば伝統的な物語を
よみがえらせることができますか。（歴史）

### 春2
世界を巡る旅から
何を学ぶことができますか。
（地理）

### 夏1
なぜ蜂は
とても賢いのですか。
（理科）

### 夏2
なぜ恐竜は絶滅したのですか。
（地理と理科）

# 3年生

### 秋1
季節を通して地域に固有の樹木を
どのように識別できるでしょうか。
（理科）

### 秋2
ローマ人はイギリスでの生活に
どのように適応したのでしょうか。（歴史）

### 春1
なぜ熱帯雨林を保護する必要が
あるのでしょうか。（理科）

### 春2
セイヤーズ・クロフト※9で
素晴らしいチームプレーヤーになるには
どうすればよいでしょうか。（地理）

### 夏1
アフリカの伝統、リズム、パターンに
ついて何を学ぶことができますか。
（歴史と地理）

### 夏2
アフリカのフェアトレード食品について
何を学ぶことができますか。（地理）

※9 アシュレイ小学校のあるサリー州ユーハーストの森の屋外学習キャンプ場。

| 4年生 | 5年生 | 6年生 |
|---|---|---|

**4年生**

秋1
チューダー期※10の晩餐会は
どのように準備できるでしょうか。(歴史)

秋2
ウォルトン※11でコミュニティを
形成するにはどうすればよいでしょうか。
(地理)

春1
太陽系の周期は
どうなっているのでしょうか。(理科)

春2
星から
何を学ぶことができますか。
(地理)

夏1
古代エジプト人の
自然との調和のとれた生活から
何を学ぶことができるでしょうか。(歴史)

夏2
食べ物の旬はいつですか。
(理科)

**5年生**

秋1
川はどのような旅をしますか。
(地理)

秋2
私たちの海が素晴らしいもので
あり続けるために、私たちには
何ができるでしょうか。(理科)

春1
インドの旅を通して何を見るでしょうか。
(歴史と地理)

春2
私たちは五感を通して
どのようにインドを体験できますか。
(理科)

夏1
自然は私たちに
何をもたらしますか。
(理科)

夏2
古代ギリシャ人は自然界を
どのように活用しましか。(歴史)

**6年生**

秋1
戦時中の市民生活から何を
学ぶことができるでしょうか。(歴史)

秋2
どうすれば平和に生きることを
学ぶことができるでしょうか。
(歴史)

春1
南極は保護するに値するのでしょうか。
(理科)

春2
北極圏のイヌイットの人々はどのように
自然と調和しながら
暮らしているのでしょうか。(地理)

夏1
フランスのシャモニー※12と
アルプスについて何が学べますか。
(地理)

夏2
偉大なリーダーシップとは何でしょうか。
(歴史)

※10 イギリスの王朝の1つ。　※11 Walton。アシュレイ小学校がある地域の名称。
※12 フランスの南東部、モンブランの北麓にある町であり、アシュレイ小学校の修学旅行で毎年訪れている。

# 学びへの探究

カリキュラムに関わった皆で考えた問いに合意したら、その問いを元に季節に応じた
年間計画を設計します。そして、学びを次の週へとつなげる質問を考案します。

## 水の循環と川

例)5年生：秋学期1

### 川はどのような旅をしますか。

テムズ川について学ぶとき、最初の週は、まず水滴の形と川の旅のはじまりについて
考えるところからはじめます。そしてテムズ川の河口で海に達するところで学びを終
えます。

## 海の世界と相互依存

例)5年生：秋学期2

### 私たちの海が素晴らしいものであり続けるために、
### 私たちには何ができるでしょうか。

川に関する問いから海に関する学びへと移行していくとき、私たちは生態系のピラ
ミッドに沿って学ぶ内容を設計します。サンゴ、海藻、二枚貝、貝類からはじめて、様
々な魚種に進み、イルカ、カメ、サメ、クジラで終わります。その結果、海洋は完全に
相互依存のシステムであることがわかります。最後の週では、人間がこの壊れやすい
生態系にどのように影響を与えているかを見ていきます。

このアプローチは、半年または年間の学習計画を考える際に通常行うこととは真逆のものです。通常、コア・スキルが何を教えるかを左右します。多くの場合、一般的なプロジェクトや探究のテーマを参照せずに、教える内容が決定される傾向があります。しかし、本校では問いの全体像を描き、物語を語り、旅に出るような、豊かな学びをともにつくりたいと考えています。これらの各週の問いかけはそのプロセスを構築します。この方法で学ぶことは理にかなっているのです。

写真：川の無限の流れ

# 健康とウェルビーイング

例）2年生：秋学期1

**健康であるとはどのようなことを意味するのでしょうか。**

健康になるために必要なことは、まず健やかな生活をあらゆる側面から考えることからはじまります。それは、運動や食事だけでなく、心と体のリラクゼーションや、自分の可能性に気づき、自分自身に挑戦することも含みます。
子どもたちは、家族と旬の食材を用いて健康に配慮した食事を作り、ともに味わうことにより、この探究を終えます。

# 太陽系の周期

例）4年生：春学期1

**太陽系の周期はどうなっているのでしょうか。**

太陽系の中での私たちの位置を調べるとき、私たちは地球を見ること、そして地球と太陽との関係を見ることからはじめます。次に、月と地球の関係を考察しその後、太陽系の他の惑星も調べていきます。常に私たちが意識していることは、この太陽の周りを巡るサイクルの中で太陽系がどのように機能しているか、ということです。
太陽系について学んだあとは、次の半学期の後半にいろいろな星座の多様性に目を向けます。さらに、星々から古代エジプトに発想を広げ、星座がピラミッドの配置にどのような影響を及ぼしたかを学びます。

私たちが子どもたちの成長で期待することは、子どもたちが自信をもって考えをはっきり言えるようになることです。それは授業中だけでなく、子どもたちが学校にいるあいだ、常に意識しています。

私たちは、子どもたちに以下のことを望んでいます。学びに熱心であること、自ら良質な問いを立て、探究し続けること、自らの実践をふり返るようになること、失敗を恐れず挑むこと、自分自身をどのように活かせるかを知ること、そして、創造性と好奇心をもって活動することです。

# 創造性

好奇心

# 1年生

どうすればスーパーヒーローになれますか。

対応するハーモニー原則：多様性の原則

サスティナビリティに関するテーマ：
大いなることを成し遂げるために自分の才能を使う。

## ウィーク1 [13]

### 今週の質問

**手についてどのようなことが学べるでしょうか。**

**ハーモニー幾何学**[14]
IDカード用の手形と指紋

**作文**
手ができることについての表現：「私の手は…をつかめる」

**文法と表現**
大文字と句点を使ったやさしい文章

**算数**
10までの数：指を使って数え、答える

**理科**
手と関節：それが私たちに何をしてくれているかを知る

## ウィーク2

### 今週の質問

**目にはどのような働きがあるでしょうか。**

**ハーモニー幾何学**
鏡を使った目のスケッチとヴェシカパイシス[15]の形をした目を作る

**作文**
見えるものの観察：「私には…この笑顔が見えます」

**文法と表現**
見えるものを描写する形容詞を使ったやさしい文章

**算数**
聞いて反応する作業、10または20までの数を足したり引いたりする

**理科**
どのように私たちの目が働いているのかを知る

## ウィーク3

### 今週の質問

**私たちの耳はどのように聞くことを可能にしているのでしょうか。**

**ハーモニー幾何学**
耳にある渦巻きの観察：耳のフィボナッチ数列[16]を描く

**作文**
擬音・音に関する表現

**文法と表現**
音を表す擬音を使ったやさしい文章

**算数**
聞いて反応する作業、10または20までの数を足したり引いたりする

**理科**
音波、振動と、私たちの耳はどう働いているのか

---

※13 アシュレイ小学校では1学期は12週ほどで構成されているが、半学期ごとに大きな問い（enquiry）を設定している（p.36-37参照）。その半学期の中の各週についてここでは各学年の一例を示している。

※14 アシュレイ小学校で独自に設けられている科目。自然界に見られる幾何学的形状を通して自然の美しさを学ぶ活動を行う。

※15 2つの円が重なった部分の形を指し、太古より世界各地の民族によってシンボルとして用いられてきた。

| ウィーク**4** | ウィーク**5** | ウィーク**6** |
|---|---|---|
| 今週の質問<br>**口は何をすることが**<br>できるのでしょうか。 | 今週の質問<br>どのようにして<br>**匂いを嗅ぎますか。** | 今週の質問<br>**体を使って**<br>何ができるでしょうか。 |
| ハーモニー幾何学<br>唇の模写と口の対称性の探究 | ハーモニー幾何学<br>顔の半分の写真からはじめて、対称的な顔を描写する | ハーモニー幾何学<br>対称的なポーズでの体の形の探究 |
| 作文<br>「私たちの口ができることのすべて」<br>に関する会話の作業 | 作文<br>匂いを表す文章の中での読点の使用：「学校の周りを歩いていると、私は…匂いを嗅ぎます」 | 作文<br>体がどのように動くのかに関する表現：伸ばす、曲げる、ひねる |
| 文法と表現<br>一文の中で2つの考えをつなげる接続詞の使用 | 文法と表現<br>匂いを表現する直喩：…と同じくらい甘い、…と同じくらい香ばしい香り | 文法と表現<br>体のポーズを描写する文章 |
| 算数<br>数字を前から／後ろから／間隔を空けて、声を出して数える | 算数<br>いろいろなものを足す、足し算の式 | 算数<br>対称的・非対称的な形の探究 |
| 理科<br>歯を清潔で健康的に保つ方法を学ぶ | 理科<br>異なる匂いを特定する、匂いの調査 | 理科<br>体の各部分とその役割について表す |

※16 数学において、最初の2項が1で、第3項以降の項がすべて直前の2項の和になっている数列。イタリアの数学者の名にちなんで名づけられた。黄金比はこれに則り、自然界のいたるところで見出される。

# 2年生

**健康であるとはどのようなことを意味するのでしょうか。**

対応するハーモニー原則：健康の原則

サスティナビリティに関するテーマ：
健康的で地元産の旬の食べ物を食べる。

## ウィーク1

**今週の質問**
**自分が健康でいられるのは何のおかげでしょうか。**

**ハーモニー幾何学**
ヨガのポーズの対称性と非対称性

**作文**
自分が良い気分になるときの表現：「私は…のときに良い気分になります」

**文法と表現**
大文字と句点を使ったやさしい文章

**算数**
身体の対称と非対称の形

**理科**
生き物が生きるのに必要なものとは

## ウィーク2

**今週の質問**
**身長は両腕の長さと同じでしょうか。**

**ハーモニー幾何学**
ウィトルウィウス的人体[17]：身長と腕の長さ、手の長さを比較する

**作文**
様々な能力と動きに関する事実の描写

**文法と表現**
動作とその動作の仕方に関するやさしい文章

**算数**
広げた手の親指の先から小指の先までの長さを使った、長さの概算と測定

**理科**
運動しているときに気づく変化

## ウィーク3

**今週の質問**
**どうして手を洗う必要があるのでしょうか。**

**ハーモニー幾何学**
私たちの手の中にある「5」の性質の探究：自然の中にある「5」の性質を見つける　例）葉

**作文**
手を清潔に保つ方法の説明

**文法と表現**
時間の接続詞

**算数**
異なる倍数のグループ化：掛け算

**理科**
衛生の重要性とは：手、髪、細菌

---

[17] レオナルド・ダ・ヴィンチが描いた人体図を指す。両手脚が異なるように男性の裸体が重ねて描かれており、外周の真円と正方形に男性の手脚が内接している構図となっている。

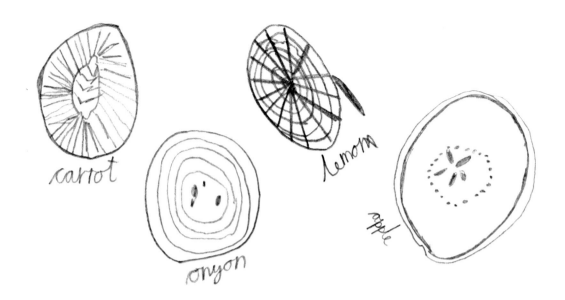

# ウィーク4

**今週の質問**
**私が健康でいられる
食べ物は何でしょうか。**

**ハーモニー幾何学**
果物の断面のスケッチと版画：りんご
の中にある「5」の性質を見つける

**作文**
「ゲス・ザ・フード」※18 ゲームで様々
な果物や野菜を表現する文章を創作
する

**文法と表現**
果物の見た目と食感を表現する、おも
しろい形容詞

**算数**
足し算の文章題、野菜の値段を足す

**理科**
それぞれの食品群の役割とは

# ウィーク5

**今週の質問**
**旬の食べ物を食べることが
なぜ良いのでしょうか。**

**ハーモニー幾何学**
野菜の断面の形状の観察　例）玉ね
ぎ、ウリ

**作文**
「オリバーの野菜」※19 の物語をイメー
ジさせる野菜の試食

**文法と表現**
野菜の味を表現する、おもしろい形容
詞

**算数**
いろいろなものを加算する式

**理科**
健康でバランスのとれた食事とは

# ウィーク6

**今週の質問**
**健康的な食事を準備するには
どのようなスキルが必要でしょうか。**

**ハーモニー幾何学**
お皿の模様の形状：食べ物を美しく
見せる

**作文**
両親のための健康的なスペシャル・メ
ニューの作成

**文法と表現**
オリジナルのメニューを作るためにメ
ニューの特徴と形式を調べる

**算数**
食費に関わる文章題：お釣りを計算
する

**理科**
私たちが食べたものに、何が起きてい
るか

※18 食べ物の特徴を伝え、推測するゲームのこと。　※19 英国の作家ヴィヴィアン・フレンチの有名な児童書。

# 3年生

季節を通して、
**地域に固有の樹木をどのように識別できるでしょうか。**

対応するハーモニー原則：循環の原則

サスティナビリティに関するテーマ：
果樹の植樹。

| ウィーク1 | ウィーク2 | ウィーク3 |
|---|---|---|
| **今週の質問**<br>**アシュレイ小学校では何の木が植えられているのでしょうか。** | **今週の質問**<br>**木の一生はどのようにはじまるのでしょうか。** | **今週の質問**<br>**根はどのように木を支えているのでしょうか。** |
| ハーモニー幾何学<br>木の形と比率 | ハーモニー幾何学<br>ヴェシカパイシスを参考にした種のスケッチ、描写 | ハーモニー幾何学<br>木の根の構造に関するフラクタル[20]な対称性 |
| 作文<br>趣のある森の風景の叙述的な文章 | 作文<br>木がゆっくりと成長するプロセスについての副詞節・副詞句からはじまる文 | 作文<br>健康な土の重要性についての作文 |
| 文法と表現<br>風景をとらえる、表現豊かな形容詞 | 文法と表現<br>文頭にくる副詞節・副詞句 | 文法と表現<br>文章の配列の特徴と、副題を使った実際にあったできごとの文章 |
| 算数<br>木の高さの概算、測定、順序立て | 算数<br>種と割り算：割り算をするために種を使う | 算数<br>根の成長と数列 |
| 理科<br>木の種類を明らかにする手がかりの作成と活用 | 理科<br>土が作られるプロセスと木の成長における土の重要性 | 理科<br>土が作られるプロセスと木の成長における土の重要性 |

[20] 部分と全体が相似となるような図形を指す。

# ウィーク4

今週の質問

**葉にはどのような形、
対称性が**あるのでしょうか。

---

ハーモニー幾何学

葉の対称性：ヴェシカパイシスの形から手の中にある「5」の性質まで

---

作文

秋の色と雰囲気をとらえる、秋についての詩

---

文法と表現

頭韻を踏んだ表現と良い言葉の選択

---

算数

cmとmmを用いた葉の長さ・幅の概算と測定

---

理科

なぜ葉が色を変え、落ちるのかの観察：葉が腐敗するプロセス

# ウィーク5

今週の質問

**各地域の多様な**リンゴはどのような味の違いがあるのでしょうか。

---

ハーモニー幾何学

リンゴの断面のスケッチ、模写

---

作文

五感を用いた、リンゴの多様性についての報告文

---

文法と表現

リンゴの色、味、風味、食感を表現する言葉

---

算数

切ったリンゴと同値分数

---

理科

果実の役割と果物の種の拡散方法

# ウィーク6

今週の質問

**季節を通して木は**
どのように**変化**するでしょうか。

---

ハーモニー幾何学

季節を通した木々の円環と変化

---

作文

各季節の意味：自然はその循環において私たちに何を伝えているか

---

文法と表現

各季節を示す表現：「秋は…のときである」

---

算数

お気に入りの木についてのデータの記録

---

理科

年間、そして一生を通した木のライフサイクル

# 4年生

**チューダー朝の晩餐会を
どのように準備できるでしょうか。**

対応するハーモニー原則：適応の原則

サスティナビリティに関するテーマ：
晩餐会に向けて地元の食べ物を調達する。

| ウィーク1 | ウィーク2 | ウィーク3 |
|---|---|---|
| **今週の質問**<br>**チューダー王家はどのような人たちだったのでしょうか。** | **今週の質問**<br>**チューダー朝のバラにはどのような起源があるのでしょうか。** | **今週の質問**<br>**チューダー様式の建物にはどのような様式があるでしょうか。** |
| ハーモニー幾何学<br>フィボナッチ数列を用いたチューダー王家の肖像画 | ハーモニー幾何学<br>チューダー朝の5弁の花びらの幾何学的な描写 | ハーモニー幾何学<br>ハンプトンコート宮殿[22]でチューダー様式の建物のスケッチ：レンガの形状 |
| 作文<br>「ボズワースの血の戦い[21]の物語」 | 作文<br>「ボズワースの戦い」を記した、兵士の故郷への手紙 | 作文<br>チューダー王家のキッチンで働く使用人の一日 |
| 文法と表現<br>良い文章構成と具体的な意味を表す動詞・形容詞 | 文法と表現<br>過去時制における規則動詞と不規則動詞 | 文法と表現<br>段落を使って、チューダー王家の使用人の日課を書く |
| 算数<br>「ボズワースの戦い」の統計：足し算と引き算を使う | 算数<br>桁の値：戦いにおける様々な兵士の数を整える | 算数<br>チューダー様式のレンガ造りの構造：数列における次の数を得るために、ペアとなる数を加える |
| 理科<br>運動が私たちの身体にもたらす効果 | 理科<br>兵士に関する探究：長い脚だとより遠くへ跳ぶことができるのか | 理科<br>関節の機能 |

※21 15世紀イングランド王国のバラ戦争における戦いを指す。　※22 チューダー朝の王、ヘンリー8世の住居。

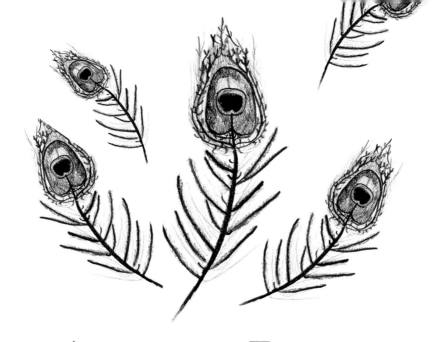

# ウィーク4

今週の質問
ノットガーデン※23の
**対称性**とは何でしょうか。

---

ハーモニー幾何学
乾燥豆を使って、チューダー様式の対
称的なノットガーデンをデザインする

---

作文
式次第を載せたチューダー朝の晩餐
会への招待状

---

文法と表現
晩餐会の式順を説明する、時を表す
接続詞

---

算数
ノットガーデンの回転対称

---

理科
骨の呼称と役割

# ウィーク5

今週の質問
チューダー王家の人々はどのくら
い健康だったのでしょうか。

---

ハーモニー幾何学
野菜の断面：対称的な形

---

作文
王立公園が舞台のヘンリー8世の狩
猟冒険物語

---

文法と表現
王室の狩猟の楽しさを活写する表現

---

算数
mℓとℓの容量の概算：薬

---

理科
身体の中の各器官の働き

# ウィーク6

今週の質問
私たちのチューダー朝の晩餐会
への準備ができているでしょうか。

---

ハーモニー幾何学
晩餐会用の孔雀の羽の再現

---

作文
チューダー朝の晩餐会に関する新聞
記事

---

文法と表現
チューダー朝の晩餐会に関する記事
における間接話法の使用

---

算数
gとkgによる、晩餐会用の食べ物の
概算、重量測定

---

理科
筋肉と骨の協働

※23ツゲなどを使って結び目模様を描き、その間に草花を植えた装飾庭園を指す。

**5年生**

川はどのような旅をしますか。

対応するハーモニー原則：循環の原則

サスティナビリティに関するテーマ：
学校の水を節約する。

| ウィーク1 | ウィーク2 | ウィーク3 |
|---|---|---|
| 今週の質問<br>**水はどのような<br>形をしているでしょうか。** | 今週の質問<br>**私たちの水は<br>どのくらいきれいでしょうか。** | 今週の質問<br>**なぜ川は曲がりくねって<br>流れるのでしょうか。** |
| ハーモニー幾何学<br>球体を作っている泡の調査 | ハーモニー幾何学<br>珪藻植物の対称的な構造の再現 | ハーモニー幾何学<br>一直線に流れる川と曲がりくねっている川の長さの測定 |
| 作文<br>泡の繊細な姿を表現する直喩を使った詩 | 作文<br>水の動きと流れをとらえた水の詩 | 作文<br>川の様々な特徴の呼び名を説明するリーフレットの作成 |
| 文法と表現<br>泡とほかの形を比較する直喩 | 文法と表現<br>水に関する言葉を表す動詞：'gush'<br>（どっと流れる）、'trickle'（滴る） | 文法と表現<br>リーフレットの特徴とレイアウト、段落分け |
| 算数<br>円と球体の特性 | 算数<br>蛇口をひねったときの水の使用量の測定 | 算数<br>マイルとキロメートルによる川の長さの測定 |
| 理科<br>水滴がなぜ、どのようにして、球形を作っているのか | 理科<br>水のろ過と水の清浄化のプロセス | 理科<br>蒸発の探究と水の変化　例）溶解 |

| ウィーク 4 | ウィーク 5 | ウィーク 6 |
|---|---|---|
| **今週の質問**<br>**川が氾濫するとき**<br>**何が起きるでしょうか。** | **今週の質問**<br>**私たちの飲み水は**<br>**どこから来ているのでしょうか。** | **今週の質問**<br>**川が海へたどり着くとき**<br>**何が起きるでしょうか。** |
| ハーモニー幾何学<br>川の氾濫区域と氾濫した原野を示す地図の作成 | ハーモニー幾何学<br>フェルナン・レジェ[24] の配管をモチーフにした絵画における幾何学 | ハーモニー幾何学<br>河口のフラクタルな対称性 |
| 作文<br>地域の川の氾濫についての新聞記事 | 作文<br>汚れた水が健康に及ぼす影響と要因の報告書 | 作文<br>説得力のある手紙：水道水かペットボトルの水か |
| 文法と表現<br>直接話法と間接話法の使用 | 文法と表現<br>報告書に用いる標準的な英語 | 文法と表現<br>事例を伝えるための手紙のレイアウトと構造 |
| 算数<br>地図と方眼を使った氾濫区域の測定 | 算数<br>$m\ell$ と $\ell$ を用いた、水の量に関する文章題 | 算数<br>テムズ川の統計データに関する文章題 |
| 理科<br>可逆的／不可逆的な水の変化　例）溶解 | 理科<br>凝結、冷却、雨、洪水 | 理科<br>水の循環とそれが人間にもたらす影響の理解 |

※24 20世紀前半に活躍したフランスの画家。

# 6年生

**戦時中の市民生活から
何を学ぶことができますか。**

対応するハーモニー原則：多様性の原則

サスティナビリティに関するテーマ：
祖父母のために季節のスープを作る。

| ウィーク1 | ウィーク2 | ウィーク3 |
|---|---|---|
| **今週の質問**<br>**第2次世界大戦はどのようにしてはじまったのでしょうか。** | **今週の質問**<br>**国防市民軍にいるのはどのような気持ちなのでしょうか。** | **今週の質問**<br>**疎開するとき、どのような気持ちになるでしょうか。** |
| ハーモニー幾何学<br>IDカードの指紋：独特な指紋の形状を学ぶ | ハーモニー幾何学<br>旗の黄金律：連合国軍の旗のデザイン | ハーモニー幾何学<br>戦争の目：目をヴェシカパイシスの形で描く、感情を表現する |
| 作文<br>ロンドン大空襲についての、効果的で写実的な文章 | 作文<br>あるARP[25]の幹部の一日の物語 | 作文<br>疎開者の故郷への手紙を書く |
| 文法と表現<br>ロンドン大空襲による破壊を活写する比喩表現 | 文法と表現<br>文頭に副詞節・副詞句を用いた複雑な文章 | 文法と表現<br>「〜's…」のアポストロフィと短縮形を表すアポストロフィ |
| 算数<br>第2次世界大戦に関連した年表 | 算数<br>足し算と引き算：闘いにもっていく用具とその数 | 算数<br>電車が来る時刻と時刻表に関する文章題 |
| 理科<br>光源と距離、影の長さについての調査 | 理科<br>光の移動と鏡による影響 | 理科<br>目の働き —— 光源から目（対象物）へ |

※25 Air Raid Precautions。第2次世界大戦中のイギリスで設立された組織。空襲から市民を保護する役割を担っていた。

# ウィーク4

**今週の質問**
ロンドン大空襲で
何が起きたでしょうか。

---

**ハーモニー幾何学**
戦争の顔：フィボナッチ数列を使った
顔の描写

---

**作文**
疎開した人々の物語：第1部　家を離
れる

---

**文法と表現**
間接話法：話法における句読点の正
確な使用

---

**算数**
都市を離れ、疎開した、たくさんの人々
に関する文章題

---

**理科**
光がまっすぐな線状に移動することの
観察、潜望鏡の制作

# ウィーク5

**今週の質問**
なぜ地元産の食べ物が
重要だったのでしょうか。

---

**ハーモニー幾何学**
野菜の形状のスケッチ、模写

---

**作文**
疎開した人々の物語：第2部　田舎で
の生活

---

**文法と表現**
アイディアを広げるための重文

---

**算数**
gとkgによるスープ用の野菜の量の
概算、量の測定

---

**理科**
光の屈折の実験　例）水中

# ウィーク6

**今週の質問**
第2次世界大戦中のドイツはど
のような様子だったのでしょうか。

---

**ハーモニー幾何学**
6つの先端をもつ、ユダヤ教のダビデの
六芒星

---

**作文**
第2次世界大戦中のユダヤ人としての
生活と迫害

---

**文法と表現**
間接話法と恐怖の表現

---

**算数**
戦争で負傷した人、亡くなった人に関
する文章題

---

**理科**
色と光の調査　例）ろうそくの光、虹

# 優れた教師であるには

アシュレイ小学校では、私たちの教え方と学び方の実践を定期的に見直しています。
それは、私たちが優れた教師であることを保証するためです。アシュレイ小学校の実践の
中心にある価値観を超えて、ここでは私たちが心がけていることをお伝えします。これら
の心がけが意味のある学びの創造につながるのだと、私たちは信じています。

### 自発的な参加

優れた教師は、授業を魅力あるものにし、子どもたちをすぐに学びの世界へ誘います。そのような教師が授業をはじめるときはまず、子どもたちに問いややりがいのある挑戦に実際に出合わせます。そうすると、子どもたちは活動を行い、検討し直し、議論し、自発的に参加していきます。このような授業では、子どもたちは教師の話を一方的に聞かなくてもよいのです。子どもたちが最初から全力で学びに参加するために、授業の導入には丁寧な計画が必要です。もし子どもたちが全力で学びに参加しなかったら、彼らはあっという間に受け身の学び手となってしまうでしょう。

### 量よりも質

優れた教師はいつも、量よりも質に注目します。そのような教師は教えることを少なくし、学びを深めていきます。簡単な概念からはじめて、意味のある応用に、または開かれた調査と挑戦に至る学びを構築するのです。また、教師は子どもたちが作業をまとめ、完成させる時間をつくります。そうすれば、子どもたちは質の高い結果を生み出します。自分の作業をよりよくするために、子どもたちはより多くの時間を欲している、または必要としているのです。

もともと教師は仕事にとても熱心ですが、その熱心さにより、計画と実践が過剰なものになることがあります。学びの内容があまりにも多いと、子どもたちはストレスを感じ、教師に対して不満をもつようになります。なぜなら、自分の作業を満足のいく形で完成させられないからです。「少ないことは豊富なことだ」というアプローチを学びに取り入れると、ほぼいつも、よりよい結果がもたらされます。学びはシンプルであり続けるようにしてください。

### お手本となる学び

優れた教師は、たくさんのお手本を子どもたちに示します。そうすると子どもたちは何をするべきか、そしてどのようにするべきかを明確にわかるようになります。このような子どもたちへの刺激は作業を成功させる鍵となります。教師のお手本は授業の最初、もしくは子どもたちが自分で何かを達成させようとしているときに示すとよいかもしれません。教師は作文の模範であり、芸術活動の刺激的なアイディアとなり、特定の技能を例示し、心を動かす文章や詩、注意を引くような要素のあるイメージのお手本となってください。そして、教師の作品をお手本とすることで、子どもたち自身も「達成することができる」と希望をもてるようになります。

写真：花の幾何学を探る

## 刺激

優れた教師は、やりがいのある刺激的な問いかけをすることによって、子どもたちの思考を引き出します。学びをさらに引き出すためには、別の問いかけをします。もし子どもたちにより深く思考や問いかけをさせたり、お互いの考えに挑んだりしてほしいのなら、私たちは学びに新しい側面を加える問い、またはなされていることの焦点を変える問いをかける、適切なタイミングを見つける必要があります。そうすることで学びは新鮮なものであり続け、子どもたちが活動に常に関心をもつようになります。このアプローチを通して、子どもたちは自問することも学びます。

## 影響

優れた教師はあまり多くのことを話しません。実は、そのような教師は話の倹約家であるのですが、彼らの言うことは学びを本当に前進させます。もっとも素晴らしい教師とは素晴らしい学びの導き手であり、子どもたちの前でいつも歌っていたり、パフォーマンスをしたりしている人ではないのです。彼らは学びに参加し、注意深く問いかけ、挑戦をし、学びを前進させるために説明をします。素晴らしい教師は学びのプロセスに入り込んでいるので、彼らだけが教室の前でスポットライトを浴びるようなことにはならないでしょう。

## ふり返りの時間

優れた教師は、静かなふり返りの時間を設けます。静かなふり返りの時間は、実践の重要な一部です。ある教師は瞑想から授業をはじめています。教師は子どもたちが教室を歩き回る機会を設けますが、それは子どもたちが活動から一歩身を引き、学びがどのように発展しているかを見つめられるようにするためです。このような時間によって子どもたちは自身の学びを吟味できるようになり、まだ子どもたちが立ち止まり、静かになるひとときができます。これらの実践は若者の中に静寂とふり返りの価値観を染み込ませる働きがあります。

## 気づき

優れた教師はいつも、学びに付随して何が起きているかに気づいています。そのような教師は授業を終わらせるとき、アイディアを引き出すとき、誤った考えを強調するときを感覚的に理解しています。彼らは、時間の制約がある中で、学びを終わらせるべきか、続けるべきか、判断をすることができます。そして、子どもたちにはいつまでに何をするべきかをわからせます。

教師は特定の子どもやグループに特に関わっていくかもしれませんが、優れた教師は何が起きているか、次に何が起きるべきかを子どもたち自身が気づくようにある種のレーダーを備えています。教師はいつも学びの機会を見据えています。

---

優れた教師とは、何よりもまず学ぶ人です。私たちは、学びが意味することを理解しなければなりません。そして、学びに参加する必要があります。学び手の視点から自分の教え方を見つめ直すのです。自分自身がものごとを理解するのに十分な時間を必要とする学び手、または初めて新しい概念や考えに触れる学び手であることを心がけてください。

# 自然の「ハーモニー原則」

学びの旅は、私たちの存在のあり様を示す諸々の価値観に支えられています。そのような価値観は「学びの問い」を通して教えられ、「グレート・ワーク」によって締めくくられます。

しかし、ここに付け加えるべき要素がもう1つあります。

### 学びへの新しい言葉

チャールズ皇太子の著作『ハーモニー：私たちの世界の新しい見方』から着想を得て、私たちは学校の学びの中心に自然の「ハーモニー原則」を据えることにしました。この原則は、ウェルビーイングとものごとのバランスに重きをおいている世界について述べています。何百万年ものあいだ機能し続け、今もなお機能している、生きとし生けるものの生き方について学べる原則です。そして、この原則を子どもたちの学びに適用するとき、私たちが何をするべきかについて新しい視点が加わります。自然の「ハーモニー原則」は学びの新しい言葉を与えてくれるのです。

### 今までとは異なる計画方法

通常、イギリスの学校教育におけるカリキュラムの計画と実行はナショナル・カリキュラムに基づき、その中にある学習目標が計画書に反映されます。これはとても論理的な方法ですが、学びという営みが目標によってたどる道を決められてしまいます。また、教科ごとに断片的に活動計画がなされることで、学びがバラバラで、つながりがないものとなってしまうことも考えられます。子どもたちの視点に立ってみると、そのような学びはまとまりがなく意味のないものに感じられるでしょう。

### 学びの道しるべとなる原則

対照的に、自然の「ハーモニー原則」は私たちの学校の学びの道しるべとなっています。自然は私たちの先生です。次頁から概説されている原則は、もし私たちがウェルビーイングと持続可能性を中心に据えた生き方を見出したいのであれば、このような方法もありなのだということを示しています。21世紀とその先を見据えるとき、子どもたちに持続可能性につながる日々の実践を同様に発展させてもらいたいのであれば、このアプローチは彼らが学ぶ方法の中心となるに違いありません。

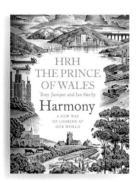

右の写真：ヨガのポーズを表現する2年生のプリント

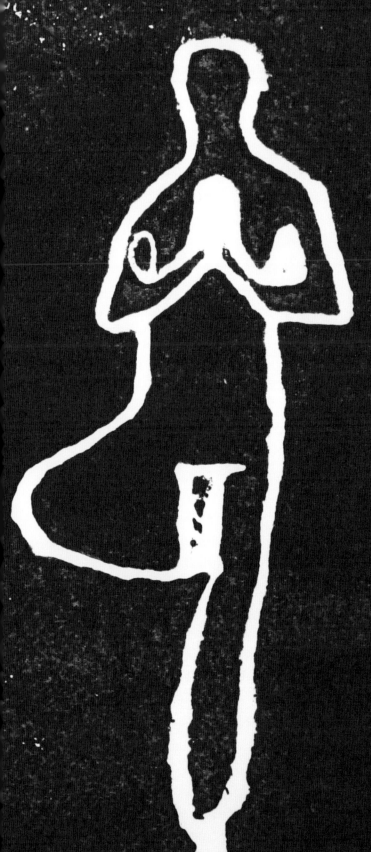

## この学びのアプローチには、私たちの実践に対する3つの重要な側面があります。

・1つ目に、自然の「ハーモニー原則」が私たちの生き方、働き方の道しるべとなるという点について、子どもたちによりよくわかってもらえるということです。

・2つ目に、カリキュラムと学びの問いに「ハーモニー原則」を取り入れることを通して、学びがより目的のあるものとなり、より意味のある結果につながるということです。

・3つ目に、このプロセスを通して、より健康で持続可能な将来へと私たちを導くプロジェクトをデザインし、計画する機会を子どもたちは与えられるということです。

初等教育段階の学びにおいて、この原則は私たちの授けるすべての学びの問いやプロジェクトの支えとなります。

中等教育段階では、「ハーモニー原則」は子どもたちが取り組む学びの単元の焦点となったときに、よりうまく機能するでしょう。コア・カリキュラムを超えた、独立した問いとしての力を秘めているからです。

高等教育段階では、学位や資格を取得する際、これらの原則を理解することがすべての学生にとって必修の単位となるようにするのもよいでしょう。「ハーモニー原則」を学位・資格の必修単位に組み込むというアイディアの実現を模索している大学もでてきました。

では、「ハーモニー原則」とはどのようなものでしょうか。

「ハーモニー原則」は、
チャールズ皇太子のビジョンが語られた
本であり、作品でもある
『ハーモニー：私たちの世界の新しい見方』に
着想を得ています。

自然の
「ハーモニー原則」の
説明

この章における引用は
アシュレイ小学校の子どもたちの言葉です。

# 「幾何学の原則」

自然の形状はどこでも見られます。それは私たちの周りや私たち自身の中、そしてこの世界を超えたところにある形状としても見られます。そして、それは微視的なレベルや巨視的な形で見られるものです。自然の形状は円環や渦の模様の中で、そして様々な生き物の比率や対称性の中で見られます。

## 幾何学と偉大な伝統

世界中の偉大な伝統、宗教、文化、文明は自然における幾何学を何千年ものあいだ、理解してきました。そして、これらの伝統が創り上げた遺跡において深い敬意が払われてきました。実は、こうした偉大な建造物を通して人々は自然の生まれもった美しさと秩序に対して深い理解を示してきたのです。

## 建築に反映されている自然の幾何学

世界でもっとも訪問者の多い建築物とは、自然の幾何学の要素を表現している寺院、大聖堂、モスク、宮殿に違いないでしょう。例えば、シャルトル大聖堂やダーラム大聖堂、ドゥオーモ、アルハンブラ宮殿、パルテノン神殿、三大ピラミッド、タージマハルなどです。

この幾何学の形状とは、自然への畏敬と不思議さ、そして神の雄大さと意思疎通をするために使われる言葉のようなものでした。魅力的な学びは、自然の形状と幾何学を通して世界を見ることではじまります。このように学ぶとき、私たちは生きとし生けるもののいのちと自然のつながり、そして宇宙の仕組みについて理解するよう努めていることになるのです。

## 幾何学と学びへの新たな視点

幾何学の実践はまた、学びに新たな視点を与えてくれます。子どもたちは、幾何学によって、ものごとのありようを見ることができます。私たちの学校では毎週幾何学を教え、その学びは素晴らしい結果を生み出します。子どもたちは自然の形状における割合と比率を学ぶにつれて、いのちにはバランスと調和をもたらす秩序があることということを理解しはじめます。また、子どもたちは新たな視点から世界を見つめ、調和が意味することに対して深い洞察をはじめます。幾何学とはマインドフルな芸術なのです。

そしてもちろん、幾何学は驚くほどの美しさを創造します。その美しさには機能と目的があり、自身のために存在する美しさではあるのですが、ウェルビーイングと驚きの感覚を私たちに強く引き起こす美しさでもあります。

### ザ・プリンス・スクール・オブ・トラディショナル・アート[26]

ザ・プリンス・スクール・オブ・トラディショナル・アート（www.psta.org.uk）と進めた私たちの活動は、世界の幾何学を学ぶうえで、もっとも畏敬の念を抱かせる機会を提供してくれます。

素晴らしい成果を生むこの協働は、半学期の終わりにある「グレート・ワーク」を通して、私たちの学校で発展させてきたものです。自然がこれまで創り上げたきたものと同様、これまでの「グレート・ワーク」は私たちの努力のたまものです。

さらに、私たちは美しさを通して成長しているという証拠があります。同様に、この美しさを再現するときにも私たちは成長しています。それは実に良い学び方なのです。

---

左の写真：ひまわりの種のらせん

[26] PSTA（皇太子伝統芸術学校）。チャールズ皇太子の基金で設立された美術大学院。

# 幾何学が
## 子どもたちの学びにもたらす恩恵

幾何学の授業の中で気づいたことは、子どもたちが広範囲の技能を発展させているということ
です。これらの技能は、カリキュラムのほかの領域における学びにも恩恵をもたらしています。

### 微細運動機会※27 の改善

なかにはきめ細かな動作をするうえで必要な技能を
習得するために悪戦苦闘し、その能力をよりよくする
ためにたくさんの練習を必要とする子どもがいます。
幾何学の学びはこれらの運動能力を発達させ、運動
の領域において子どもに自信をもたせます。毎週の幾
何学の授業が子どもたちの微細な動作をするための
技能に前向きな影響を与えている、と私たちははっき
りと認識しています。

### 細部と正確さへの注目

観察、スケッチ、幾何学のスキルの実践を通して、子ど
もたちは自分が見るものやそれを作る方法の細部に
注目するようになりました。この洗練された、方法論的
なアプローチは、子どもたちが作品をより精巧にする
ことを手助けします。また、ほかの学びの領域にも効果
を与えています。例えば、子どもたちは算数の計算によ
り多くの注意を払うようになります。

### マインドフルネスと存在

子どもたちが幾何学の活動を行っているとき、彼らはより
落ち着き、集中し、心が満たされています。子どもたち
はその瞬間に浸り、集中力のレベルはとても高くなって
いるのです。幾何学には子どもたちが冷静さと平和を
見出すことを可能にする何かがあります。幾何学に没
頭しているクラスを眺めるのはちょっとした体験です。

### 自己肯定感

子どもたちが質の高い作品をつくり出したとき、彼ら
は自分の行ったことを誇らしく感じています。私たちが
それを手助けできれば、さらに良いでしょう。幾何学の
活動は、たいてい子どもたちに誇りをもたせます。自己
肯定感が学びのプロセスの重要な役割を担うのなら
ば、幾何学がもたらすポジティブな影響は過小評価さ
れるべきではありません。

---

右の写真：ザ・プリンス・スクール・オブ・トラディショナ
ル・アートの幾何学的なアート作品

※27 ハサミで紙を切る能力など、身体的な小さな動きをするときに必要なスキル。

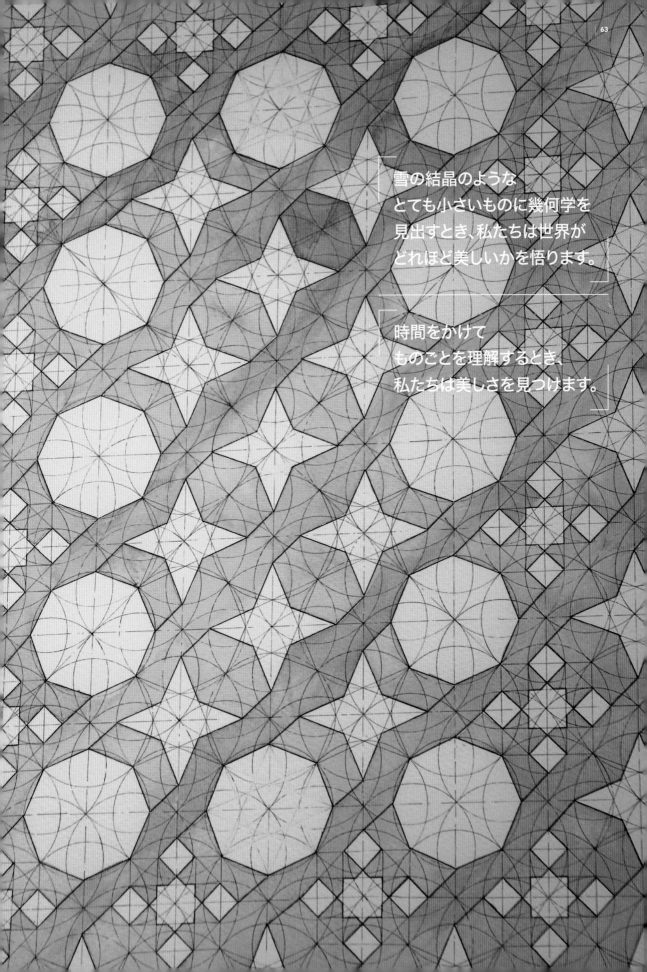

雪の結晶のような
とても小さいものに幾何学を
見出すとき、私たちは世界が
どれほど美しいかを悟ります。

時間をかけて
ものごとを理解するとき、
私たちは美しさを見つけます。

写真：夜空を横切って「動く」星々
写真提供：セバスチャン・ダン

もし人々が自然の法則と幾何学に
没頭するなら
――自然がどのように機能している
か、自然が地球の生きとし生ける
ものをどのようにコントロールして
いるか、どのように人類がたくさん
の偉大な芸術と建築に自然を表現
しているかを発見しながら――、
人々は自然の意味と目的、そしてこ
の驚くべき宇宙に生き、それを自覚
することの意味に、深い哲学的な
洞察を得るよう導かれるのです。

チャールズ皇太子
『ハーモニー』（ハーパーコリンズ、2010年）

# 「循環の原則」

自然は自分自身を維持し、自己調整する永遠の循環の中で機能しています。これらの循環の中には、成長と繁栄に満ちた期間もあれば、減退と腐敗を経て、回復と再生に費やす期間もあります。回復の時期では、循環を再びはじめられるよう、資源が食べ物や燃料としてリサイクルされます。自然には無駄がありません。すべてのものには価値があります。「捨てられるもの」は何もありません。

### 絶えることのない進化

自然を見ると、その中には周期的なプロセスがあることに気づきます。もっとも顕著なのは、夜から昼に戻る一日の循環――私たちの日課と習慣の道しるべとなる循環です。また、循環の中にも循環があります。地球が年周期で太陽の周りを回るように、月も私たちの星である地球の軌道に乗って回っています。これらの循環は法則をつくっています。地球は8年ごとに、金星は13年ごとに、5枚の花びらの形を描きながら太陽の周りを回っています。これは驚くべきことです。

この動きからのメッセージはシンプルなものです。もし私たちが何かに持続可能であることを望むのであれば、それは周期的である必要があります。なぜなら、周期的なシステムは決して止まらないからです。

### 周期的なシステム

もし望まぬゴミや汚染のない未来を創るつもりであるならば、自然の循環を学ぶ中で子どもたちに学んでほしいことがあります。それは、私たちもどのようにして同様の循環のシステムを生活の中に取り入れればよいのかということです。これは循環型経済が実現しようと努めていることです。有限の資源が貴重であり、消費を減らし、できるだけ再利用とリサイクルをする必要のある世界においては、そのことが持続可能な未来に重要なのです。

### 季節

学びを季節に関連づけ、教室の外で起こっていることと教室の中で教わっていることとをつなげるのは、良い学びの出発点となります。それを超えて、自然の循環システムはどのくらいの周期で機能しているかということと、持続可能なプロセスは周期的であるということを子どもたちに強調することが鍵となります。また彼らに、人間の営みがこれを達成できていないときに何をするべきか、考えることを促す必要があります。彼らが循環に基づく解決策――例えば、食品廃棄物をコンポストに使うことなど――を創り出す一員となればなるほど、より素晴らしいといえるでしょう。

学びの観点から見ると、私たちは学んだ概念やつくった作品をふり返る大切さを知っています。それを新しい観点から見直してみると、学んだことの理解を深めたり、よりよくしたりする方法を見出せます。それは良いデザインのプロセスの中心であり、学びの基本でもあります。

> もし循環がなければ、
> 　　　変化は何も起きないでしょう。

> 循環のおかげで私たちには季節があります。
> もし地球が太陽の周りを回っていなかったら、
> 私たちには季節がなかったでしょう。

写真：子どもたちの宇宙観

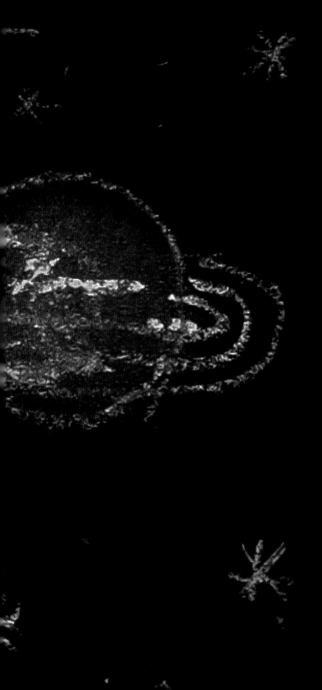

## 「**循環の原則**」に
## リンクした学びのプロジェクト

プロジェクトには以下の項目が含まれています。

昼と夜の循環

季節と太陽系の循環

地球の周りを月が回る周期

蝶、またはカエル、またはガマガエルのライフサイクル

鮭、クジラの回遊、またはキョクアジサシの渡りの循環

植物のライフサイクル

血液の循環

身体に酸素を取り込み、二酸化炭素を吐き出すという、呼吸の循環

ニワトリと卵の循環

人間のライフサイクルと人生の段階

食べ物の循環 ― 小さな種を植える！

水の循環と流れ

炭素の循環と地球の限界（プラネタリー・バウンダリー）

世代から世代へとつながる物語や伝統の循環

先住民の人々がどのように生き、自然の循環とうまく調和して生活しているか

子どもたちに循環のシステムは終わることなく再生されるということを理解してもらえたら、彼らは希望をもってそのシステムを創ることを学ぶでしょう。消費を少なくし、いのちや資源、ものを大切にすることを学ぶのです。自然の循環には繁栄に満ちた時期もあるけれど、休息と回復の時期もあるということも学ぶでしょう。これは持続可能な未来への完璧なモデルです。

# 「相互依存の原則」

適者生存という概念を用いて自然界を説明していた時代がありました。しかし、今日の研究はそれと異なる見方を示しています。

## 協力のモデル

木に関する研究が示しているのは、森林の木々がコミュニティとして機能しているという、これまで想像すらしなかったことです。年を重ねた木々は若い木々の世話をしています。木の根は、嵐が来たときなど木の生存が脅かされるときに互いに助け合うことができるようにつながっています。これは、森林の世界における協力です。そして全体が個々に依存し、個々が全体に依存しているという多くの例の1つです。オスの皇帝ペンギンも彼らの卵を厳しい寒さから守るために皆で身体を寄せ合います。システムの構成要素それぞれがそのコミュニティのウェルビーイングを支えています。私たちはこの素晴らしい協力モデルから学びを得ることができます。

## 蜂と受粉

皆さんがご存じの通り、蜂は生態系において重要な役割を果たしています。蜂は花から花へとブンブン飛び回り花の蜜をもらい、その代わりに蜂は花の受粉を手伝います。蜂と花は終わることのない素晴らしい関係性を結んでいます。蜂が蜜を巣にもって帰り、仲間たちに分け与える一方で、受粉が行われた花は少しずつ果実を実らせていきます。果実は動物のえさとなり、動物はそのお礼としてその種をより広範囲に散らばせる。こうして植物の種は存続を保っています。植物は豊富に果物を実らせ、種を生み出します。例えば、ひまわりは子孫を十分に残せる数の種を生み出します。

## リサイクルと再生

成長期の終わりを迎えた有機物が地面に落ちると、土壌の中の微生物が腐敗した物質を分解します。こうして、土壌にはたくさんの栄養が与えられ、新しい種は芽を出し、健康に育つことができます。これこそ、関係性によって成り立っている相互依存なのです。

自然の相互依存について学ぶと、生態系のどの部分にもそれぞれの価値や役割があることが見てとれます。各々のシステムの中に生まれながらにして価値が内在した文化が存在するのです。

## 学びの体系的視点

教育的な視点から見ると、相互依存関係にある自然界は私たちの世界がいかにつながりによって成り立っているのかに気づかせてくれます。

それゆえ、学びに関係性を生み出すように、また異なる教科を教えることによってより大きなテーマやプロジェクトを引き起こすことができるように、学びをデザインする必要があります。私たちは、問いを用いることがこのアプローチにおけるもっとも良い方法だとわかりました。「学びの問い」は、子どもたちを学びへと駆り立てます。発達段階に沿った興味関心を考慮に入れたこのアプローチは子どもたちの学びたいという気持ちを高めます。教科で身につく知識と技能を大切にすることと、問いを基盤にしたプロジェクトを加えることの、両方のバランスを保てば、子どもたちの素晴らしい学びの成果をみることができます。実際、確かなコア・スキルと知識の組み合わせが有意義に活かされた場合、素晴らしい学びの成果を生み出す様子を私たちは見てきました。

生態系は完全に結びついていて、相互依存の関係にあります。私たちの学びもそうあるべきでしょう。学びが断片的になってしまったら、私たちの思考も断片的になりやすくなってしまいます。

## 行動とそれによってもたらされる結果

相互依存を学ぶことによって、どのような行動にも結果が生み出されるということを理解できるようになります。それゆえ、私たちは自身の行動に注意深くなることを学ぶ必要があります。さらに、私たちは個々や集団での振る舞いがいかに周囲の環境に影響を及ぼすのかということに意識的になる必要があります。つまり、私たちの存在と行動に責任をもつこと、そして私たちの毎日の選択を考慮することがいかに重要かということです。忙しなく、次から次へと移り変わる現代の世界で、これを実践することは容易ではありません。しかし自らの選択を様々なことを考慮したうえで検討し、決断するという考え方や行動をとることが持続可能な未来を描くということなのです。

---

右の写真：学校の巣箱にいる蜂

相互依存とはともに機能し合うということ。すべてのものにはつながりがあり、小さなことが大きな影響を及ぼす可能性もあります。これは、私たちのからだに骨や臓器がなければ、私たちのからだの機能が止まってしまったり、正しく働かなくなってしまったりするのと似ているところがあります。

Interdependence means working together. Everything is linked; one little thing can cause a big effect. It's a bit like how our bodies work. Without things like bones and organs, our bodies would stop working or not work very well.

あるシステムが相互依存の関係に
あるとき、ともに働きかけるものです。
それはあたかも何が起ころうとも
ともにある結ばれた指どうしのようです。

相互依存とは、
すべてのものに役割が与えられている
ということなのです。

写真：2年生 養蜂の授業の様子

# 「**相互依存**の原則」に
# リンクした学びのプロジェクト

相互依存について学ぶ個々のプロジェクトにおいて特に重要な点は、それぞれのシステムが健全な関係性やつながりを促進しているのを見ることです。孤立して機能するものは存在しません。要は包括的にシステムをまなざすということなのです。私たちの学びや振る舞いにもすべてはともに機能しているという認識を反映させる必要があります。

**プロジェクトには以下の項目が含まれています。**

地域の生態系　例：池

地域の森林

熱帯雨林

海辺の生態系

海の生態系

砂漠の生態系

山や荒野の生態系

北極と南極の生態系

有機農業の仕組み

私たちの学校コミュニティやクラス

私たちの学校のある地域のコミュニティ

相互依存とはものごとのつながりを理解することです。個々を別々のものとしてとらえるのではなく、関係性の中に位置づけることによって私たちは、学びを深めることができます。生態系は相互依存が実際に機能しているということを教えてくれます。コミュニティとしてうまく機能し、仲間と親密な関係性ができたとき、私たちは相互依存の原則を生きているといえるでしょう。

Beekeeping Guide By Bella

# 「多様性の原則」

自然の世界を観察してみると、多様性によってその豊かさが支えられていることがわかります。いのちは多様性に満ちており、多様性は素晴らしいものです。人間の姿形、特定の植物や動物、私たちが育て、いただく食べ物の中にも多様性が見出されます。多様性があることによって、私たちは豊かな生活を送っています。多様性は単に大切にするだけでなく、促進し祝福すべきものなのです。

### 多様性としなやかな強さ

自然界は多様性のおかげで強くしなやかなのです。そこには特定の種による多様性だけでなく、独自の特徴をもつ無数の種によって生み出される多様性があり、私たちはこのことから学びを得ることができます。熱帯雨林の蝶の種、サンゴ礁の魚の種類や牧草地に咲く様々な野の花を考えても同様のことがいえます。

### 学びの成果における多様性

しばしば学校では若者が皆同じ行いをすることによって、学びが単一化されています。学校において多様性が考慮されるのであれば、子どもたちはそれぞれの方法で学び、幅広い学びの成果が生み出される機会が与えられるでしょう。その結果、子どもたちの興味や情熱は引き出されることになり、自らの取り組みに対してより多くの充実感をもつことができます。さらに、彼ら自身でリサーチ・プロジェクトの焦点を定めることもできるかもしれません。伝記を作るときは、誰について書くのか彼ら自身で決めることができるでしょう。彼らはすべきことを言われるがままに行うのではなく終着点のない調査を実施し、さらに彼らなりの結論を導くことも可能になります。しかも教科型の技能や知識も保証され、より一層子どもたちを懸命にさせるような方法で行われています。子どもたちの学びに対するモチベーションにとって自分自身の方法で学びに応じることができることは大きな要素なのです。

### 多様性の祝福

子どもたちの学びにおいては、世界には素晴らしい多様性が存在するという気づきを与えることに焦点が当てられています。多様性に関する学びでは、彼らは多様性に感謝し、それを保持することがいかに大切なことであるかを理解していきます。多様性を強調する方法はたくさんあり、クラスメイトのユニークさを認め合うことから熱帯雨林の驚くべき生物多様性を祝福すること、地元の森林にある木々の種類、または群れで生活をする蜂の違いについて学ぶことまで様々です。私たちの学校も多様性の中での成長が見られます。子どもたちには、同じ果物や野菜の中でも、またリンゴや洋ナシ、ニンジンやジャガイモの中でさえも様々な種類があるということを学んで欲しいと思っています。彼らに多様性のエキスパートになってもらいたいのです。

### 多様性の真の価値を認めること

若い人々が多様性の力を認識すればするほど、私たちが依拠しているコミュニティも生態系も健全になるのです。

---

右の写真：ニンジンの多様性

多様性とは
私たち一人ひとりが大切な存在であり、
誰一人として同じではないということ。

74

多様性とは、
誰もが各々違っていていい
ということ。

写真：野の花が満開に咲くアシュレイ小学校の草原

# 「多様性の原則」に
リンクした学びのプロジェクト

いかなるシステムやコミュニティであろうとも健全であるためには相違や多様性が不可欠であることに、「多様性の原則」に基づく学習プロジェクトは気づかせてくれます。
多様性はしなやかな強さを生み出し、生活を豊かにしてくれます。それは奨励され、受容されるべきものなので、尊重し、受け入れていかねばなりません。また多様性について学ぶことは専門性を高めることにもなります。様々な方法で多様性に関する学びは可能なのです。

**プロジェクトには以下の項目が含まれています。**

人々の多様性 ——それぞれの人のユニークさを大切にすること

地元の野の花や木々における多様性

特定の場所(特に熱帯雨林)における生物多様性

特定の種における多様性　例：蝶、蜂、ペンギン

果樹の低木と高木における多様性　例：先祖伝来の果樹園

食べ物の多様性　例：ジャガイモ、コメ、地元産の食べ物の多様性

恐竜の多様性

文化の多様性

音楽、歌、ダンスの多様性

宗教、信念、精神修養の多様性

学びの成果の多様性と多様な成果のための計画

多様性は良いものです。私たちは人々の多様性に限らず、生きとし生けるものすべての多様性の価値について、たくさんの機会を見つけて教える必要があります。

自然のシステムの中には、深い相互依存性が存在していて、どのレベルにおいても活発です。いのちの素晴らしい多様性は全体の制約の中で活気づくのです。自然はこのように全体性に根ざしています。

チャールズ皇太子
『ハーモニー』（ハーパーコリンズ、2010年）

写真：霜が降りたシダ

# 「適応の原則」

ものごとをデザインし作る際、自然界の素晴らしいデザインを取り入れるというバイオミミクリー[28]の分野ははじまったばかりです。もっとも革新的な実践を開発している人や自然が環境に適応する方法を学ぶ人、私たちも自然と同じようにスマートなデザインをいかに開発できるかという課題に取り組んでいる人が世界にはたくさんいます。

## バイオミミクリーと自然のデザイン

これは探究するのに魅力的な世界です。私たちは自然のデザインの奇跡やなぜ自然のデザインがその場所に適応しているのかを理解しはじめたばかりです。同様に、エピジェネティクス[29]の世界や生物たちがどのように外部の環境に適応するために変化し続けたのかについても理解を進めています。

## 適応と進化

自然は常に流動的な状態にあり、これによって自然は自らを保持することができます。私たちは未来に向けてどのような準備をすべきなのか、また自然との調和的な関係性をいかにして取り戻すべきなのかという観点から、適応という概念は私たちにとって重要です。これについて自然のダイナミックな働きからより深く学ぶことができます。

## 学びを場に適応させる

学びの観点から「適応の原則」を考えると、いかにして学びを地域社会に適応させることができるかを見ていくことになります。この学びの方法で子どもたちは場の感覚を身につけることができるようになります。
子どもたちが、地元が自分の暮らす地域であるという認識をもてたとき、彼らは地域との関わりをもち、お返しをし、地域やその地域の人々を大切にするようになります。学校における学びがすべて教室の中で教科書を通して教えられ、学校外とのつながりが希薄であれば、子どもたちは地域における遺産や伝統、コミュニティや文化に興味をもちにくくなるでしょう。それは子どもたちと学ぶ場所に乖離が生まれてしまうからです。

## 場の感覚をはぐくむ学び

反対に、問いを用いた学びやプロジェクトによる学びを、彼らの地域の環境やコミュニティとは別のところで行っていたら、全く異なるタイプの学びが営まれたことでしょう。私たちの学校では、地域コミュニティの人々と私たちの学びとを結びつける機会を探します。地域コミュニティの人々は学びのプロセスにおいてとても大切な存在なので、私たちは彼らのことを「学びのパートナー」と呼んでいます。アーティスト、彫刻家、庭師、農家、地元評議員、歴史学者、養蜂家など様々な人が協力をしてくれています。知恵や知識を通して子どもたちの学びに大きな価値を与える可能性を彼らはもっているのです。またこの活動は、地域コミュニティを形成することにもつながっています。

## 適応とよりよい未来の創造

適応とは未来に関することであり、どのような未来を創造したいかに関わることでもあります。地域社会について学ぶことにおいて、過去や現在から学べることを考慮しながらも、私たちの地域のよりよい未来を創造することも考えていかなければなりません。未来をデザインすることは、健全な教育の特徴なのです。

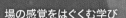

写真：カニクイアザラシは海の生物へと美しく適応している。

[28] 自然界の生物がもつ機能や構造を模倣して新たな技術等の開発につなげること。

WHALES
Whales have adapted
from a small land animal
to a magnificent and
mighty seacreature
which can now glide
through water  elegantly.

クジラ
クジラは、小さな陸の動物から今では水の
中を優雅に動くことのできる壮大で力強
い海の生き物へと適応しています

## 「適応の原則」に
## リンクした学びのプロジェクト

適応の原則と関連づけられた学習プロジェクトは学びを地
域の文脈に合わせるプロジェクトです。
これらによって場の感覚がはぐくまれ、子どもたちはどこであ
っても自分が暮らすことになる場所をよりよい場所にするに
はどうしたらよいのかを考えることができるようになります。

プロジェクトには以下の項目が含まれています。

バイオミミクリーを通した適応の学び —— 自然のデザインを
模倣する

地域の遺産と歴史

地域の地理、地形や地図

地域の生態系、生物多様性、緑地

地域の専門家と団体

地域のコミュニティと地域コミュニティのイベントへの参加

地域の建築と美しさ

地域の伝統、技能や工芸

地域の言語と方言

地域の未来のビジョン

地域の学習プロジェクトに結びついた「グローバル・パート
ナーシップ・プロジェクト」

適応とは、地域社会に関することを私たちの学びの中に位置づけ
るということです。地域のコミュニティを大切にし、未来の地域
コミュニティをよりよいものにするために、学びがどのように活かせ
るのか、どんな貢献ができるのかを考えることもまた適応というこ
とができるでしょう。

※29 DNAの配列変化によらない遺伝子発現を制御・伝達するシステムおよびその学術分野。

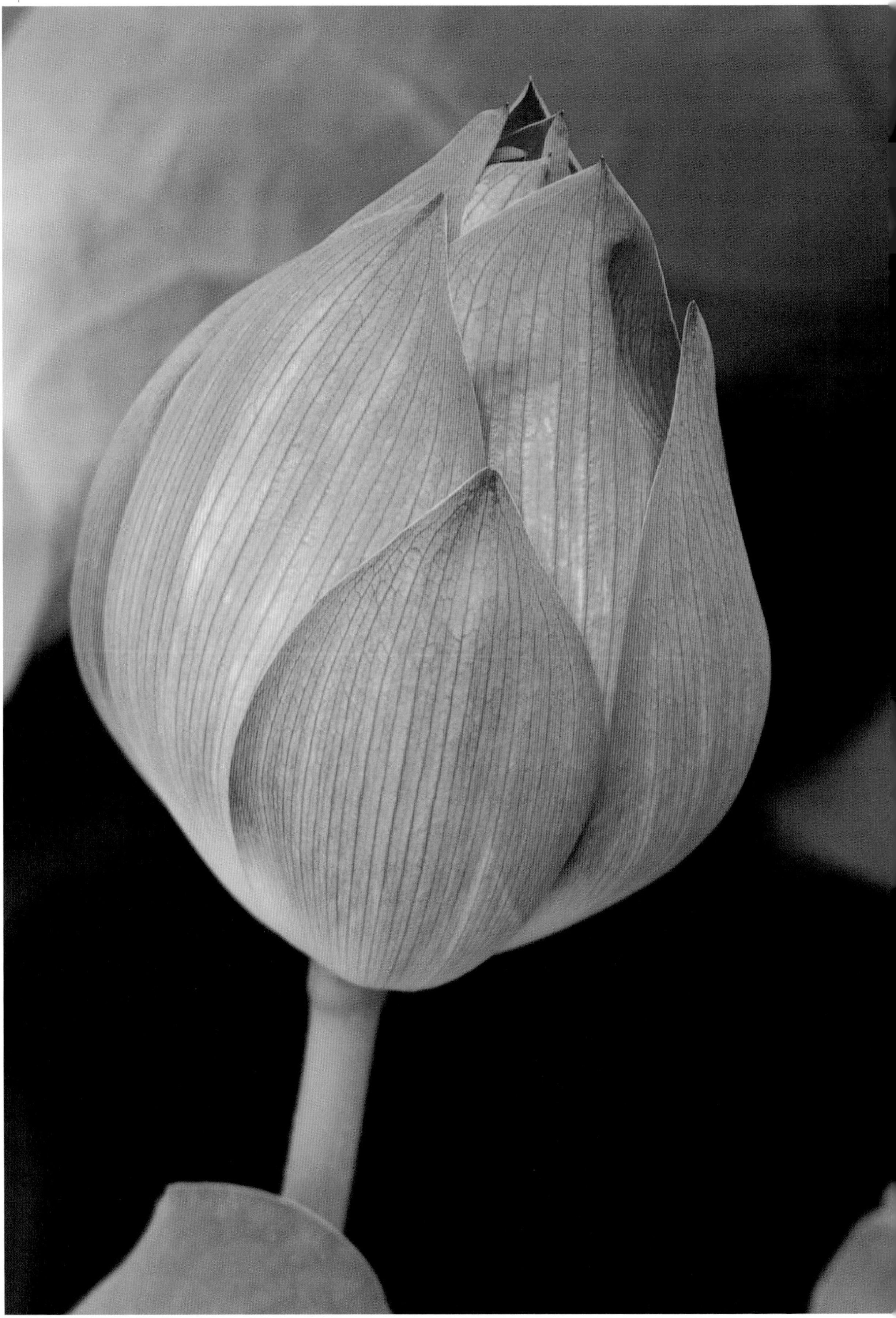

# 「健康の原則」

そのすべてといってよいほどまでに自然は健康的です。自然の中にいるとき、私たちはとても心地よい気持ちになります。自然は私たちを元気にさせ、癒してくれます。さらに私たちの精神を回復させ、想像力をとらえ、インスピレーションを与え続けてくれます。私たちは自然界のあらゆる要素に自らを合わせると、生き生きしてきます。

## 健康と諸々の要素

人間の健康は自然界の健康と密接に結びついていることを私たちは知っています。自然の様子がおかしいときは、たいてい私たち人間が悪い影響を与えてしまっています。私たちは、将来も世界が健全であるために、土壌、水、空気、生態系の健康を私たちの生活の中心に据えなければなりません。

いかに空気が汚染されているのか、特に都市部において汚染されているのかを考えるとき、産業化した農業システムによっていかに土壌がやせてしまったかを見るとき、水のシステムがいかに殺虫剤の流入、プラスチックゴミや水の過剰採取に苦しめられているのかに気づくとき、そして生態系に負荷がかかっていることを知るとき、変えなくてはならないことがたくさんあることがわかります。

## 健康と学校の給食

教育的観点から見て、健康は私たちの学びの基盤であるべきです。学校運営において健康や幸福が考慮され、校内で健康や幸福を大切にすることができているかどうかを評価することに子どもたちが率先して関わる必要があります。健康の基本は何を食べるかということです。私たちの学校では、地元産のもの、季節にあった旬のもの、また有機栽培によって作られたものをいただくことがもっとも健康な食事だと考えているため、それをいかに調達することができるのかにこだわっています。さらに、私たちは生産者から直接食材を買うことで、いかに費用を節約できるかについても意識的です。私たちはほぼ100%有機食材を使うことができています。そして費用も現在一人1日あたり1食につき20ペンス※30ほどで済んでおり、1週間で1ポンドしかかかりません。また、肉を食べる量を減らし、多くの作物を栽培することに成功しました。

## 健康と心のウェルビーイング

健康は、子どもたちと教職員の心のウェルビーイングにも当然関わってきます。マインドフルネスやそれに似た瞑想、黙想の習慣が学校関係者自身に良い影響を与えるということが徐々にわかってきました。私たちの学校では、休憩とお昼ご飯の後にマインドフルネスの時間を毎日設けています。その時間は私たちの実践の重要な一部であり、子どもたちの健康に寄与しています。

## 健康的な学び

健康は学びにも影響を与えます。学校での学びを子どもたちが大好きになるように刺激するためには、子どもたちを魅了し、引きつけるような学びのプロジェクトを計画し、その学びが子どもたち自身の学びであるという感覚を芽生えさせる必要があります。私たちはがむしゃらに打ち込むことと目的をもって成果を出すことのバランスを適正にとらなければなりません。そして、子どもたちの成功や改善点についての話にしっかりと耳を傾ける必要があります。このように子どもたち自身が学びを評価することは教育ではもっと広められてしかるべきでしょう。

自然がどのように成り立っているのかを深く理解することから学びには多くの意味がもたらされるのです。若者が教室の外での体験や自然とつながるような体験をすればするほど、彼らのウェルビーイングは満たされていくのです。

---

左の写真：ハスの花

※30 2020年3月現在のレートで約30円。

# 「健康の原則」に
# リンクした学びのプロジェクト

健康の原則と関連づけられた学習プロジェクトによって、私たちはどうしたら健康に生きられるのかを学びます。
健康でいるためにはバランスを保つ必要があるということや個人の健康と世界の健康はつながっているということがプロジェクトを通してわかるのです。

**プロジェクトには以下の項目が含まれています。**

健康的な遊び

健康的な関係

健康的な食べ物

健康的なライフスタイルの選択

頭、手、心を用いた健康的な学び

心の健康 ── 精神、想像力、創造的思考

身体的な健康とからだ

精神的な健康と魂

健康な空気

健康な土壌

健康な水

私たちが心地よいと感じたいのであれば様々な形での健康が不可欠です。私たちが健康であることの意味を理解すればするほど、健康的な暮らしや働き方を学ぶ際に、よりよい選択ができるようになるでしょう。

健康の原則とは
自身の人生を
精一杯生きるということ。

健康とは
自身と世界の両方を
気にかけるということ。

写真：サスキア・ダン
写真提供：セバスチャン・ダン

# 「ひとつらなりの原則」

ひとつらなりの原則は学びに精神的な側面をもたらします。自然の「ハーモニー原則」を十分に理解するためには、私たち自身の平和や帰属、いわゆる神聖と呼ばれるものの感覚を自ら見出す必要があります。

## 沈黙の時間

この原則を達成するために、私たちの学校では忙しない心を静める沈黙の時間を設けました。マインドフルネスや黙想にふける時間は真の変容や高揚感をもたらす時間にもなります。さらに日常の軽薄さや無味乾燥から私たちを連れ出し、より深い次元で気づきや充実を得る無限の愛で満たされているところへ誘います。これを神との一体化と呼ぶ人もいるかもしれません。ハーモニーに関するすべての学びにおいて、私たちは子どもたちに自分たちがより偉大なるものの一部であるということを理解してもらいたいのです。さらに彼らの周りに存在する世界の物理的な形状に見出される模様や均整が自らの内にも存在しているということに気づいてもらいたいのです。※31
自分たちが自然の一部であると理解することによって、子どもたちの世界の見方はこれまでとは違った方、つまりよりつながりのある方へと変容していきます。

## マインドフルネス

子どもたちにひとつらなりの感覚をより完全に理解してもらうために、私たちは毎日マインドフルネスの時間を設けています。この静かな時間は、休み時間や昼食後などの重要なタイミングで、教室内や自然の中で行っています。また、私たちは彼らの学びの最中、特に幾何学のレッスンに参加しているときにも、この時間を設けるようにしています。子どもたちは皆これらの時間を大切にしています。

## ひとつらなりと全体性

マインドフルネスや黙想を実践することは子どもたちに平穏をもたらし、彼らが大いにそれらの習慣を楽しんでいることは言うまでもなく見てとれます。マインドフルネスの規律のおかげで子どもたちは、生涯自らが参照することのできる、内なる平和を探求する方法をはぐくんでいます。これこそ、彼らのハーモニーに関する理解の基盤なのです。

そして、もちろん、ひとつらなりはハーモニーのすべての原則が最終的に1つのものであるということに関連してきます。たしかに、ハーモニーの原則はそれぞれの原則の意味をより深く理解するために個々に引用され、探求することはできます。しかし、それらは1つの複雑な全体としてともに働き合う一体となった原則なのです。

「**ひとつらなりの原則**」にリンクした学びのプロジェクトではひとつらなりという概念が宗教、伝統や生活様式を超え、長年どのように解釈されてきたのかを探求することができます。
若者たちが忙しない生活の中で平和の感覚を見つけることをどのように助けることができるでしょうか。
また若者たちが人生のひとつらなりに喜びを感じられる機会をどのように提供できるでしょうか。

**プロジェクトには以下の項目が含まれています。**

ひとつらなりと古代エジプト

ひとつらなりと古代ギリシャの哲学者

ひとつらなりと伝統文化

宗教のひとつらなり

ひとつらなりと歌または歌うことの力

母なる地球のひとつらなり

身体のひとつらなり

「ハーモニー原則」のひとつらなり

自分自身と一体となること

マインドフルネス、瞑想、祈り、平和な時間

---

右ページの写真：北インド、ラダックで瞑想する学生

※31 例えば、宇宙の渦巻銀河や台風の目（渦）と同じ形状が、耳の中にある器官（蝸牛）にも見出されることを指す。

ひとつらなりとはすべての人
ならびにすべてのものと
ともに調和的に生きるということ。

ひとつらなりとは調和であり、一体である。
私たちを取り巻くすべてのものが私たちと
つながっているのです。

写真：学校の全体集会でひとつらなりを大切にしてい
る様子

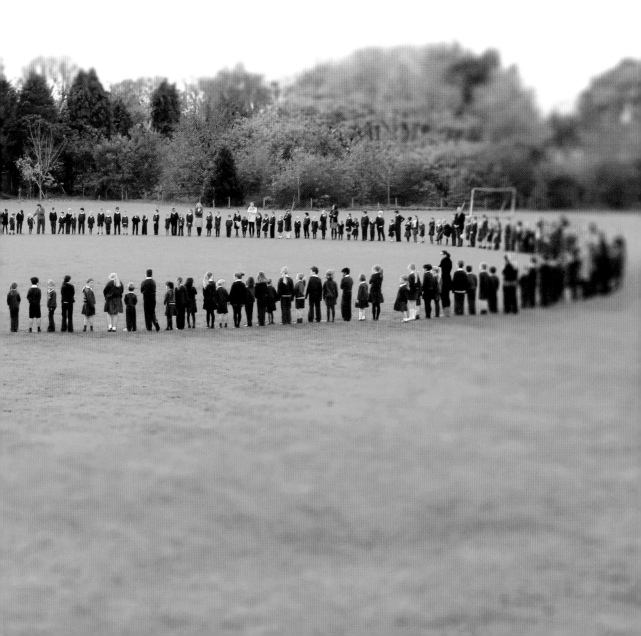

古代人は人間と自然とを
また自然界と神とを分け
隔てませんでした。宗教と
科学、精神と物質は生きて
いるものの全体、つまり意
識的なもの全体の一部で
した。宇宙全体から生み出
された生物界のどの部分
もまた全体の一部です。

チャールズ皇太子
『ハーモニー』（ハーパーコリンズ，2010年）

写真：フィレンツェにあるサンタ・マリア・デル・フィ
　　オーレ教会の天井フレスコ画

「自然は本質的に調和を保ち、
バランスをとる傾向があります。
つまり自然は
自己修正と均衡を保つように
できているのです。
もし私たちが自然を無視したら、
すべては崩壊しはじめるでしょう。」

チャールズ皇太子
『ハーモニー』（ハーパーコリンズ、2010年）

# 学びにおける
# 「ハーモニー原則」

**私たちの学校では、すべての学びの問いが「ハーモニー原則」を背景に創られています。私たちはそれぞれの問いを1つの原則と結びつけています。**
**問いに向き合うあいだ、また、その終わりに再び、私たちは子どもたちに自身の学びを評価し、彼らにとってのその原則の意味をふり返るように求めます。**

### 「ハーモニー原則」と
### 持続可能な暮らし

私たちの学校における学びのアプローチでは、ハーモニーの7つの原則それぞれが、継続的に学び続ける幾何学の原則を除いて、6つの半学期ごとの問いと関連するように作られています。子どもたちが毎年それぞれの原則をくり返し経ることによって、子どもたちの思考や生き方にこれらの原則が内在化することを望んでいます。最終的には、子どもたちにこれらの原則がいかにしてより持続可能に生きていくのかを諭してくれていることに気づいてほしいと思っています。「ハーモニー原則」は人生の旅における不変の友であり、人生の道しるべでもあります。

### 「ハーモニー原則」と
### 学びのプロジェクト

よりシンプルな方法にするならば、「ハーモニー原則」はプロジェクトや学びの単元に年に1回焦点を当てて取り組むことができます。これにより「自然を通して学ぶ」プロジェクトや「教師としての自然」プロジェクトとして探究することも可能になります。そこでは、それぞれの学年は「ハーモニー原則」の中から1つを選び、半期または決められた数週間のあいだ、問いに基づくプロジェクトを計画していくことになります。

### 決められたテーマに基づく
### 週に1つの原則

1つの原則を全校的な学びの週ごとに決めたテーマ学習の焦点とし、すべての子どもたちが選ばれた原則を理解できるようにするという方法もあります。現実的にはおそらく年に1回しか行うことができませんが、一学期に一度の焦点化された学びの機会となり得るのです。また、これらの原則はさほど形式的でない枠組みでもうまく機能します。例えば、PSTAの授業では特定の歴史や理科のプロジェクトを取り入れることができ、学びに異なる視点が提供され、新たな世界の見方が導かれます。

「ハーモニー原則」のおかげで、絶えず変化し畏敬の念を起こさせるような複雑な関係性の中で、いかにすべてが相互につながっているのかを私たちは理解できるのです。

次頁からは、学年ごとの問いがそれぞれの「ハーモニー原則」といかに関連するかを示した表を紹介します。

Samuel

# 幼児学級
## レセプション・イヤー

| 秋 | 春 | 夏 |
|---|---|---|
| **上半期**<br>多様性の原則<br>**子どもたちそれぞれの個性の賞賛** | **上半期**<br>適応の原則<br>**学びにストーリーを適応させる** | **上半期**<br>相互依存の原則<br>**教室の外の自然の世界** |
| 私をスペシャルにしているものは何ですか。 | 私たちが大好きな物語はどれですか。またその理由は何ですか。 | 教室の外にはどのような生き物がいますか。 |
| ・クラスメイトそれぞれの違いを大切にする<br>・サスティナビリティ・プロジェクト※32——上半期に学校生活に慣れる | ・様々な活動を通じて、生活に物語を取り入れる<br>・サスティナビリティ・プロジェクト——家族と物語を共有する | ・夏の間、自然界で起こることに目を留める<br>・サスティナビリティ・プロジェクト——校庭で行う植物栽培プロジェクト |
| **下半期**<br>ひとつらなりの原則<br>**ともに賞賛する** | **下半期**<br>健康の原則<br>**健康と旅** | **下半期**<br>循環の原則<br>**家畜のライフサイクル** |
| 私たちを助けてくれるのは誰ですか。何をどのように祝いますか。 | どのように私たちはそこにたどり着きますか。 | 家畜について何を学ぶことができますか。 |
| ・特別な人と特別な時間をともに賞賛することを学ぶ<br>・サスティナビリティ・プロジェクト——他の人がしてくれていることに感謝をする | ・健康的に旅をする方法を考える<br>・サスティナビリティ・プロジェクト——歩いたり、キックボードに乗ったりするなど、健康的な通学の仕方を見つける | ・家畜の一生を学ぶ<br>・サスティナビリティ・プロジェクト——動物の世話をする |

※32「学びの問い」の一環として子どもたちが主体的に取り組むプロジェクト。持続可能性という大テーマのもとに仲間と協働で学校や地域の問題解決に挑む。具体例はp.116参照。

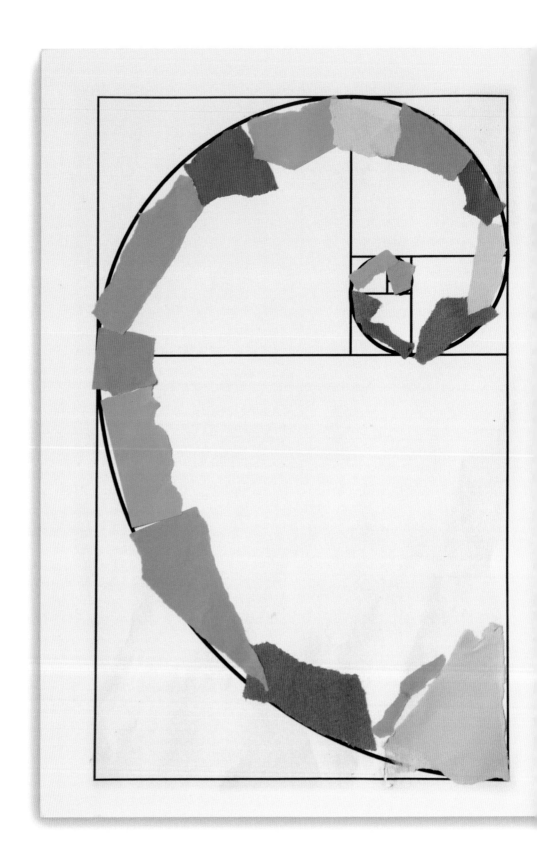

# 1年生

| 秋 | 春 | 夏 |
|---|---|---|
| 上半期 | 上半期 | 上半期 |
| 多様性の原則 | 適応の原則 | 循環の原則 |
| **教室における多様性** | **私たちの学校の歴史** | **植物のライフサイクル** |
| どうすれば<br>スーパーヒーローになれますか。 | ビクトリア朝時代から学校は<br>どのように変わりましたか。 | あなたのお気に入りの野の花は<br>どれですか。<br>それはなぜですか。 |
| ・私たちは皆異なっていて、特別で、ユニークな存在であることを認める<br>・サスティナビリティ・プロジェクト──他者を助けるプロジェクトを私たちの学校で行う | ・ビクトリア朝時代に建てられた学校の歴史を学ぶ<br>・サスティナビリティ・プロジェクト──地域の高齢者のためのお茶会を開催する | ・種まき、植物の成長の観察、スケッチと花の命名<br>・サスティナビリティ・プロジェクト──種を蒔いて、野の花の草原を作る |
| 下半期 | 下半期 | 下半期 |
| 健康の原則 | ひとつらなりの原則 | 相互依存の原則 |
| **健康的な遊び** | **カリブ海** | **海辺** |
| おもちゃやゲームは<br>どのように変わりましたか。 | カリブ海での生活は<br>どのようなものですか。 | なぜ私たちは海辺にいるのが<br>好きですか。 |
| ・過去から現代に至るまでの様々なおもちゃやゲームを探究する<br>・サスティナビリティ・プロジェクト──伝統的な木製のおもちゃの作り方を学ぶ | ・カリブ海の生活との相違点と類似点を理解する<br>・サスティナビリティ・プロジェクト──カリブ海のごちそうを体験する | ・海辺がどのように連なっているのかを観察する<br>・サスティナビリティ・プロジェクト──ビーチ清掃の実施 |

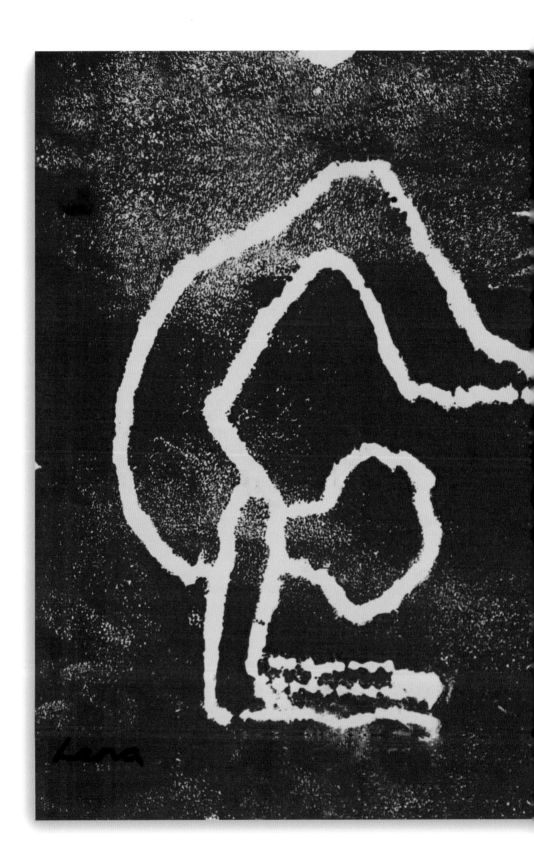

# 2年生

| 秋 | 春 | 夏 |
|---|---|---|
| **上半期**<br>健康の原則<br>**健康な私** | **上半期**<br>循環の原則<br>**世代を超えて受け継がれる物語** | **上半期**<br>相互依存の原則<br>**蜂と受粉** |
| 健康であるとはどのようなことを意味するのでしょうか。 | どうすれば伝統的な物語をよみがえらせることができますか。 | なぜ蜂はとても賢いのですか。 |
| ・体、心、精神がともに健康な人でいるために必要なものは何かを学ぶ<br>・サスティナビリティ・プロジェクト──季節の食材を使った健康な昼食を両親のために作る | ・伝統的な物語とその意味を共有する<br>・サスティナビリティ・プロジェクト──リサイクル素材から人形を作る | ・蜂の専門家になり、蜂の巣の仕組みを学ぶ<br>・サスティナビリティ・プロジェクト──学校の蜂の世話をし、採蜜し、蜂蜜を販売する |
| **下半期**<br>適応の原則<br>**ロンドン大火** | **下半期**<br>ひとつらなりの原則<br>**世界中の物語** | **下半期**<br>多様性の原則<br>**恐竜と絶滅** |
| ロンドン大火の後、街はどのように適応し、変化したのでしょうか。 | 世界を巡る旅から何を学ぶことができますか。 | なぜ恐竜は絶滅したのですか。 |
| ・ロンドン大火の特徴について調べ、研究する<br>・サスティナビリティ・プロジェクト──地元の素材を使って家を建てる | ・他の国の伝統的な物語や文化について学ぶ<br>・サスティナビリティ・プロジェクト──伝統文化の価値を理解する | ・恐竜に関する事実と数字を探りながら、なぜ絶滅したかを探求する<br>・サスティナビリティ・プロジェクト──今日の野生生物を保護し、世話する |

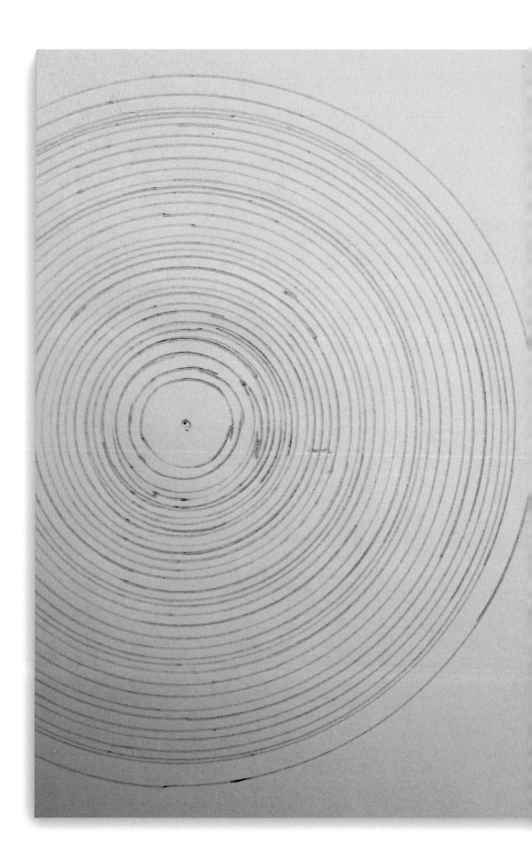

# 3年生

| 秋 | 春 | 夏 |
|---|---|---|
| **上半期** | **上半期** | **上半期** |
| 循環の原則 | 多様性の原則 | ひとつらなりの原則 |
| **私たちの地域に固有の樹木** | **熱帯雨林の生物多様性** | **アフリカの伝統とリズム、パターン** |
| 季節を通して、地域に固有の樹木を どのように識別できるでしょうか。 | なぜ熱帯雨林を 保護する必要があるのでしょうか。 | アフリカの伝統、リズム、 パターンについて何を学ぶことが できますか。 |
| ・地元の森林の専門家になり、地域の樹 木の識別ができるようになる<br>・サスティナビリティ・プロジェクト── 校庭での植樹プロジェクトを企画する | ・熱帯雨林の豊かさと生息する生物の 多様性を学ぶ<br>・サスティナビリティ・プロジェクト── FSC[33] の取り組みを参考に熱帯雨林 を保護する方法を見つける | ・歌、芸術、踊りを通してアフリカの生 活のリズムとパターンを体験する<br>・サスティナビリティ・プロジェクト── アフリカの鍵穴ガーデン[34]を作る |
| **下半期** | **下半期** | **下半期** |
| 適応の原則 | 健康の原則 | 相互依存の原則 |
| **私たちの街の過去** | **健康で幸せな関係** | **アフリカのフェアトレード食品** |
| ローマ人はイギリスでの生活に どのように適応したのでしょうか。 | セイヤーズ・クロフトで 素晴らしいチームプレーヤーになるに はどうすればよいでしょうか。 | アフリカのフェアトレード食品について 何を学ぶことができますか。 |
| ・ローマ人が残した私たちの街に関連し た遺産を知る<br>・サスティナビリティ・プロジェクト── 学年ごとにローマ様式のモザイクを作 る | ・3日間セイヤーズ・クロフトでともに過 ごし、自然と良好な関係を築く<br>・サスティナビリティ・プロジェクト── チームとして一緒にうまく働く方法を 学ぶ | ・フェアトレード食品について誰が何を 得るのかを学ぶ<br>・サスティナビリティ・プロジェクト── 学校でフェアトレードのお店を運営す る |

[33] Forest Stewardship Council（森林管理協議会）の略。
[34] 小サイズのガーデン。子どもでも堆肥をあげられるように鍵穴型のくぼみが作られている。

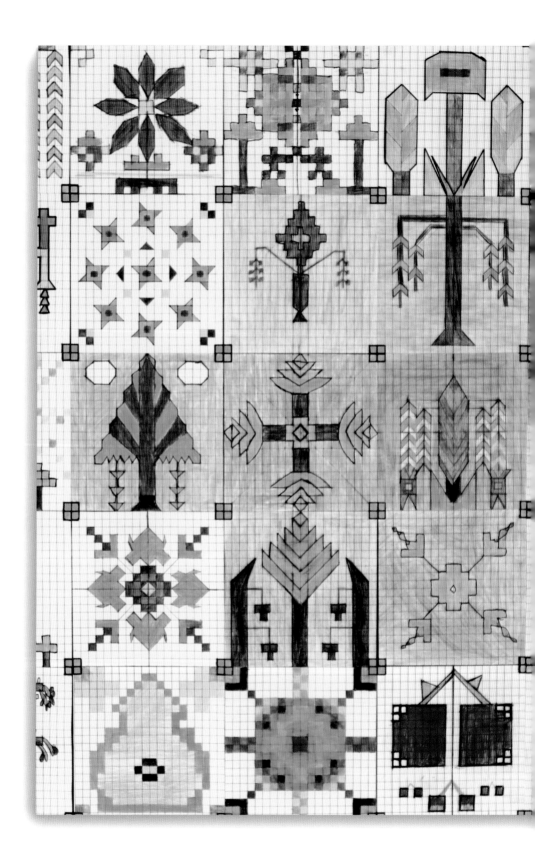

# 4年生

| 秋 | 春 | 夏 |
|---|---|---|
| **上半期**<br>適応の原則<br>**郷土史** | **上半期**<br>循環の原則<br>**太陽系の周期** | **上半期**<br>ひとつらなりの原則<br>**古代エジプト** |
| チューダー朝の晩餐会は<br>どのように準備できるでしょうか。 | 太陽系の周期は<br>どうなっているのでしょうか。 | 古代エジプト人の<br>自然との調和のとれた生活から<br>何を学ぶことができるのでしょうか。 |
| ・ハンプトンコート宮殿と王立公園について学び、訪問する<br>・サスティナビリティ・プロジェクト——地元の食材を使ったチューダー朝様式の宴会を催す | ・太陽系の秩序と周期がどのように連動しているかを学ぶ<br>・サスティナビリティ・プロジェクト——太陽エネルギーを理解し、使用を促進する | ・古代エジプトの人々がナイル川の限られた流域の中で生活することをどのように学んだかを知る<br>・サスティナビリティ・プロジェクト——私たちの生活の中でのバランスとリミットについて評価する |
| **下半期**<br>相互依存の原則<br>**私たちのコミュニティ** | **下半期**<br>多様性の原則<br>**星座の多様性** | **下半期**<br>健康の原則<br>**健康な食べ物** |
| ウォルトンでコミュニティを形成するにはどうすればよいでしょうか。 | 星から何を学ぶことができますか。 | 食べ物の旬はいつですか。 |
| ・私たちのコミュニティの長所と短所に意識を向ける<br>・サスティナビリティ・プロジェクト——地元のコミュニティとの関係性を促進するプロジェクトを企画する | ・夜空の星座を観察し、その模様と物語を学ぶ<br>・サスティナビリティ・プロジェクト——宇宙の驚異と不思議に気づく時間を提供する | ・日々口にしている食材の産地と生産方法を調べる<br>・サスティナビリティ・プロジェクト——地元で育った季節の有機食品、放し飼いで育てられた有機の卵について調べる |

# 5年生

| 秋 | 春 | 夏 |
|---|---|---|
| **上半期** | **上半期** | **上半期** |
| 循環の原則 | 健康の原則 | 適応の原則 |
| **水循環** | **インドの健康と不健康な生活** | **ブード**※35**への校外学習で自身の ことを学ぶ** |
| 川はどのような旅をしますか。 | インドの旅を通して 何を見るでしょうか。 | ブードへの旅で自分自身について どのようなことが学べるでしょうか。 |
| ・水源から海までのテムズ川の旅を理解する<br>・サスティナビリティ・プロジェクト──水の消費量をモニターし、その価値を意識する | ・健康をテーマにインドへ学びの旅に出る<br>・サスティナビリティ・プロジェクト──ビニール袋で凧を作り、プラスチックゴミに意識を向ける | ・ブードでの滞在期間、多様な活動に参加する<br>・サスティナビリティ・プロジェクト──自身の可能性に気づき、不安を乗り越える |
| **下半期** | **下半期** | **下半期** |
| 相互依存の原則 | 多様性の原則 | ひとつらなりの原則 |
| **海洋** | **地元の生物多様性** | **古代ギリシャ** |
| 私たちの海が素晴らしいもので あり続けるために、私たちには 何ができるでしょうか。 | 自然は私たちに何をもたらしますか。 | 古代ギリシャ人は自然界を どのように活用しましたか。 |
| ・海洋生態系全体が相互依存の関係にあるものとしてどのように機能しているかを学ぶ<br>・サスティナビリティ・プロジェクト──海のプラスチックゴミを減らす方法を見つける | ・地元の生物多様性と生態系の素晴らしさを学ぶ<br>・サスティナビリティ・プロジェクト──生物多様性プロジェクトを私たちの学校で発展させる | ・古代ギリシャ哲学者がどのように世界を理解していたかを学ぶ<br>・サスティナビリティ・プロジェクト──いのちの全体性についての大切さを味わう |

※35 Bude。アシュレイ小学校の5年生が毎年訪れるイギリス西海岸の避暑地。

# 6年生

| 秋 | 春 | 夏 |
|---|---|---|
| 上半期 | 上半期 | 上半期 |
| 多様性の原則 | 相互依存の原則 | 適応の原則 |
| **コミュニティの多様性に価値を****おく** | **南極の生態系** | **アルプスでの適応** |
| 戦時中の市民生活から何を学ぶことができるでしょうか。 | 南極は保護するのに値するでしょうか。 | フランスのシャモニーとアルプスについて何が学べますか。 |
| ・国内線戦での生活でいかにコミュニティが助け合ったのかを体験する<br>・サスティナビリティ・プロジェクト──地域の高齢者に季節のスープを作る | ・南極の驚異と不思議を探り、気候変動を理解する<br>・サスティナビリティ・プロジェクト──$CO_2$排出量を削減するためにエネルギー消費をモニターする | ・ここでの生活と山での生活を対比し、山暮らしの難しさを探る<br>・サスティナビリティ・プロジェクト──シャモニーのためにできる持続可能な解決策を練る[36] |
| 下半期 | 下半期 | 下半期 |
| ひとつらなりの原則 | 循環の原則 | 健康の原則 |
| **戦争と平和** | **北極イヌイットの人々の****生活循環** | **自身、仲間、世界の健康と****ウェルビーイング** |
| どうすれば平和に生きることを学ぶことができるでしょうか。 | 北極圏のイヌイットの人々はどのように自然と調和しながら暮らしているのでしょうか。 | 偉大なリーダーシップとは何でしょうか。 |
| ・なぜ人は戦争をするのか、またなぜ平和に生きることを学ぶべきなのかを探る<br>・サスティナビリティ・プロジェクト──平和のためのシンボルを創造し、祈りを書く | ・北極圏の先住民族であるイヌイットの文化と伝統を学ぶ<br>・サスティナビリティ・プロジェクト──イヌイットの人たちの生活の文脈において必要なものを調べる | ・偉大なリーダーについて何が彼らを偉大にした（する）のかを学ぶ<br>・サスティナビリティ・プロジェクト──自分やチーム、そして世界のウェルビーイングは何かを理解する |

※36 6年生が毎年シャモニーを修学旅行で訪れ、近年温暖化のために消失しつつある氷河を観察し、地元の学校との交流を続けている。

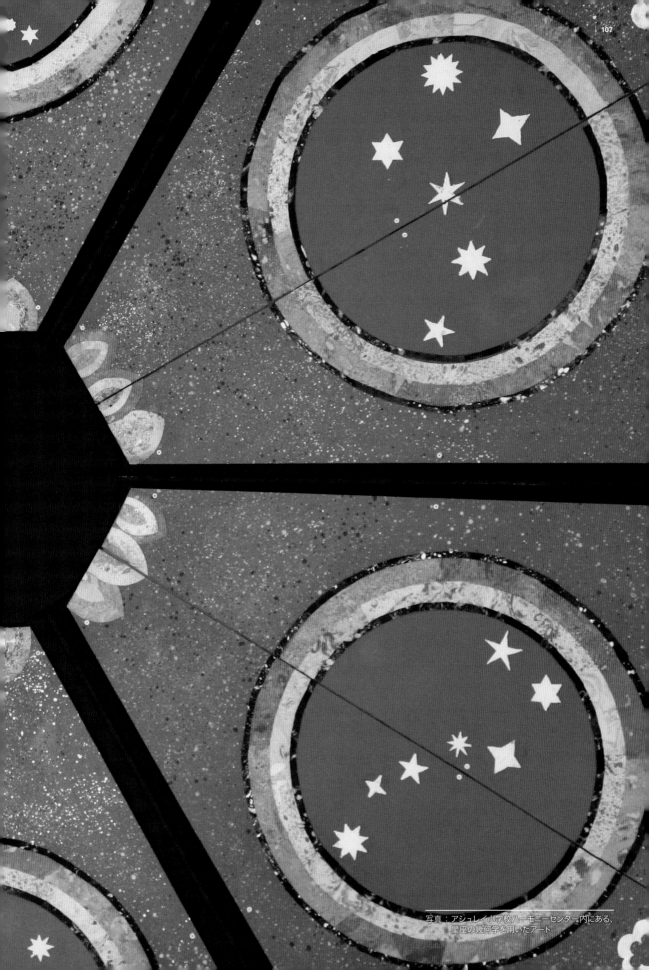

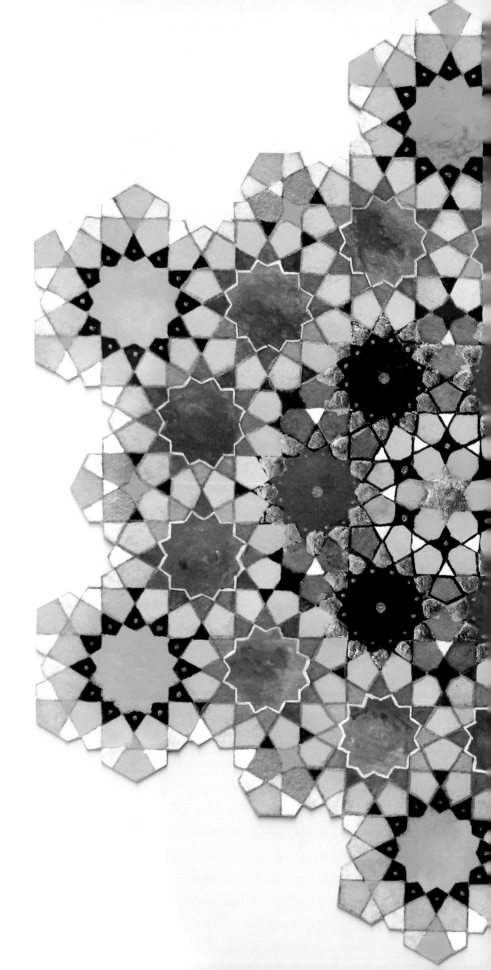

# 「グレート・ワーク」

「問い」の計画段階では、プロジェクトの終わりに「グレート・ワーク」によってどんな成果がもたらされるのが望ましいかについて考えます。したがって、「問い」を決めたあとは「グレート・ワーク」の成果がその内容を計画するうえでの出発点となります。

## 「グレート・ワーク」によって学びは記憶に残るものとなる

「グレート・ワーク」のおかげで子どもたちの学びは記憶に残る形でまとめられます。共有すべき資料を用意するほかには、今まで以上の作業を必要とはしないはずです。

「グレート・ワーク」はその学期の学びに対して明確な方向性を与えてくれます。重要なことは、「グレート・ワーク」を通して、子どもたちは他学年、保護者、地元や海外の学校など、より多くの人たちと自分たちの学びを分かち合うということです。子どもたちにとって自分の学びをより広いコミュニティと共有する機会なのです。

「グレート・ワーク」は練習を重ねに重ねたパフォーマンスであることもあります。しかし、次のようなシンプルなもの、つまり、丁寧にまとめられた小冊子や芸術作品、練って書き上げられた詩、歴史関連のプロジェクトと連携して行われるデザイン・テクノロジーの課題などです。

## 磨くことの大切さ

「グレート・ワーク」を通して子どもたちはよりよいものを目指して練習し、切磋琢磨することの大切さを学びます。最高のものを創るために力を尽くすことを経験し、ベストを尽くす覚悟としなやかな強さを養います。

## 学びを祝う

多くの「グレート・ワーク」には演じる要素が組み込まれています。子どもたちはこの経験を通してプレゼンテーションの技能や人前に立つ自信を養います。若くして身につける大切なライフ・スキルといえるでしょう。

何よりも「グレート・ワーク」は学期の学びの集大成を迎えるとともに学んだことや達成したことを祝う機会でもあります。子どもたちはそれぞれ個性豊かな役割を果たすと同時に仲間とともに一体となって力を合わせた達成感を覚えます。これは「グレート・ワーク」が養うコミュニティとしての強い一体感です。「グレート・ワーク」の意味はともに目的をもって何かを達成することにあるといえるでしょう。

「グレート・ワーク」を通して感じられる充実感は過小評価されるべきではなく、その成果は限りなく続きます。

左の写真 ： PSTA内の幾何学を用いたアート

# 1268年
## に敷かれた

# 7.58 m²

## 「グレート・ワーク」

これはウェストミンスター寺院のカサマティ・モザイク※37のレプリカです。オリジ
ナルのモザイクは1268年にヘンリー3世の意向に従って敷かれ、その総面積は
7.58平方メートルです。

このモザイクはPSTA（皇太子伝統芸術学校）の学生と4年生の子どもたちと
によって再現されました。宇宙の秩序と調和、「私たちが生きる素晴らしい世
界」を再現しています。9つの円は準惑星の冥王星を含めた太陽系の惑星を
表しています。

※37 ウェストミンスター寺院の高祭壇の前にある大きなモザイク画。

## グレート・ワークの具体例

**詩の朗読**　戦争と平和の詩を発表する　**お茶会**　地域の高齢者を囲むお茶会を催し、学校の想い出について語る　**音楽のリサイタル**　特定のテーマで歌のコンサートを催す　**彫刻**　氷でペンギンの彫刻を創る　**小冊子**　太陽光エネルギーの長所と短所を説明した小冊子を創る　**スープ**　第2次世界大戦中の「勝利のために掘る」キャンペーン※38に合わせたスープを創る　**冊子**　地元に自生する樹木について書いた冊子を創る　**舞踏**　衣装を付けて踊りを披露する　**食事**　学校の菜園で育てた野菜を使って健康な食事を調理する　**博物館**　古代エジプトの工芸品のレプリカを創り、それらを揃えて展示する　**サウンドスケープ**※39　熱帯雨林のサウンドスケープを子どもたちの声を使って録音する　**宴会**　舞踏会や音楽、詩などとともにチューダー朝の晩餐会を企画する　**贈り物**　おもちゃをデザインしたうえで手作りし、友達にプレゼントする　**物語の時間**　大人と子どもも一緒にお気に入りの物語を語り合う　**伝統料理**　インド、カリブ海またはローマの伝統料理を調理する　**人形**　リサイクル資源で人形を創り、披露する　**瓶詰め**　瓶に学校の蜂の巣からはちみつを集める　**再現**　戦場シーンまたは古代ローマ人の盾の陣形を演じる　**植栽プロジェクト**　果樹を植える　**発表**　持続可能な漁業について講演会を催す　**展示**　野の花で簡単なフラワーアレンジメントを創る　**祝祭**　第1次世界大戦終結記念日の催しを計画・先導する　**展示会**　全校のアート作品を地元の美術館で展示する

※38 勝利のために各自庭や公園等に農園を創ることを奨励する、大戦中に行われたキャンペーンを指す。
※39 地域に固有の音などによって創られる音の「風景」。

上の写真：
A) 64個の破片で創られたローマ様式の
　モザイク（教師および学生による）
B)「勝利のために掘る」キャンペーンに合
　わせたスープ創り

上の写真：
A) チューダー朝の晩餐会
B) 南極展
C) スーパー・ヒーローの日

上の写真：
A) ペンギンの氷の彫刻
B) 石鹸創り

# 学びのパートナー

ご覧の通り、多くの「グレート・ワーク」は専門家のサポートを必要とします。これはより広いコミュニティの専門家たちとつながりを築く素晴らしい方法です。このパートナーシップはコミュニティの絆を強くし、知恵と技術が世代から世代へと受け継がれていくことに貢献します。

## 学びの共有

伝統とは現在も営まれている何かであるということ——この簡潔な理由をもって、今日の世界ではテクノロジーだけではなく伝統も同じように大切にしなければなりません。学校の大切な役目の1つは校外に目を向け、良い伝統と地域の活動を持続させていくことです。

私たちは意識的により広いコミュニティと交流するよう心がけています。地域の人たちと学びを共有し、身近にいる人たちから大切な技術や知識を学び、受け継ぎます。

左の写真：季節の料理のワークショップ

# 子ども主導の持続可能性

**自然環境の有限性とともに生きるということの意味は何か。世界の、そして私たち一人ひとりの、未来のウェルビーイングはこのことをしっかりと理解することなくしてはありえません。私たちは地球の限界（プラネタリー・バウンダリー）の範囲内で生活すること、また、自然の資源を賢明に、かつ公正に活用して生きていくことを学ばなければいけません。**

## プロジェクトを主導する

子どもたちが自然の「ハーモニー原則」をより深く理解すると同時に諸々の原則を実践に移すようなプロジェクトをリードするということ、そして自身の行っていることに主体性をもつということ——このような機会を保証することが必要です。それを実現する方法はいくつかありますが、プロジェクトを学年の「学びの問い」と直接、関連させることができればさらに良いでしょう。例えば、6年生は南極と北極の学びの一環として気候変動について調べます。このとき、テーマをエネルギー消費の問題と直接関連させることは理にかなっています。探究の一環として子どもたちは学校で化石燃料の消費量をモニターし、節約することの大切さを学びます。このことは、気候変動という、より大きな問題に取り組む手助けとなるのです。

## 未来のリーダー

これらの活動を通して子どもたちに自身が特定のプロジェクトの責任あるリーダーであることを自覚してもらうことが必要となります。またプロジェクトを通して学校をより持続可能な環境へと導いてもらう役割を担うことも求められます。一人ひとりが多様なリーダーシップの役割を担う姿や自らを鼓舞し学校での実践がよりよいものになるよう影響を与える、そのような子どもたちの姿を見るのは素晴らしいことです。

子どもたちに持続可能性の問題に焦点を当てたプロジェクトをリードしてもらうにはいくつかの手段があります。

## 「あなたならできる」という態度

私たちは変化を促すプロジェクトを主導してもらうように子どもたちを誘うとき、「あなたならできるよ」と声をかけます。ものごとをよりよくするために何をする必要があるかを彼らと探究し、そのことについての取り組みの後押しをします。自身がよりよい世界を創る役割を担った変化の創り手であるという自覚をもつ若者の世代を育てるには、「あなたにならできるよ」という態度が不可欠です。

### 実現可能なプロジェクト

エネルギーのモニターとクリーンで再生可能なエネルギーの使用

水の節約と節水の実践

食べ物を育てることと持続可能な農産システム

生物多様性プロジェクトと健全な生態系の促進

包装やゴミの削減とリサイクル

所属の感覚をはぐくみ一体感を高めるコミュニティ・パートナーシップ・プロジェクト

よりクリーンで静かな交通手段を促進する旅行および交通の取り組み

諸々の持続可能性プロジェクトについて他者と共有し、学び合うグローバルな視点

「私たち一人ひとりにはバランスを取り戻す一助となるという恩義があります。明白で、精神的にそこなわれていない〈いのち〉の哲学に形作られた一連の確かな価値観というものがあります。それらに対する見方を再び確かなものにすることによって私たちはそれに報いることができるのです。そうして初めてより持続可能な経済システムを構築する希望がもてるようになり、根をしっかりとはった価値観によって生きることができ、もっと軽やかに地球に足跡を残すことができるようになるでしょう。その地球とは、私たちが光栄にも『故郷』と呼んでいる創造の奇跡なのです。」

チャールズ皇太子
『ハーモニー』（ハーパーコリンズ、2010年）

写真：南極大陸

# スイッチ・オン＆スイッチ・オフ

気候変動は私たちのエネルギー消費、特に化石燃料の消費と直接的に関係しています。本気で習慣を変え、エネルギー消費を削減するか、再生可能エネルギーのみを使用することを考えているなら、エネルギーをモニターするプロジェクトを校内で立ち上げ、子どもたちにプロジェクトを主導してもらう必要があります。

# エコ・ドライバー
# エネルギーのモニタリング

## 週に一度の
## エネルギーモニタリング

アシュレイ小学校の子どもたちは10年間エネルギーの消費量をモニターしてきました。この活動は、今や学校生活の不可欠な一部です。アシュレイ小学校にはエネルギー係により設定されたエネルギーの消費量目標数値があります。消費量を目標数値より低く保つことは皆の努力の達成の現れです。そのため消費量の数値は毎週金曜日の「功績者の集会」で共有されます。毎週この数値を集会で共有することにより、消費量削減活動は注目を浴びます。このことは、エネルギーの節約が持続可能な未来への大切な努力であり、また節約は生活のあらゆる側面に適用できるのだという学校全体へのメッセージとして届けられます。

## エネルギー係

本校のエネルギー係は4人の子どもたちで構成されています。メンバーは学期ごとに変わることもあれば、年間を通して同じ4人のこともあります。消費量のデータの読み方に慣れ、自分たちが何をしているのかを理解するまでにはしばらく時間がかかるため、少なくとも1学期は同じ子どもたちが担当します。

検針の読み方など難しい部分もあるため、現場での管理者や学校の会計担当職員の手助けも大切です。これは校内でのパートナーシップを確立する手助けにもなります。正確なデータを集めるためには、毎週データを集め分析する時間を決めることが大切です。私たちは毎週金曜日の朝に行っています。

## エコ・ドライバー・
## ソフトウェア・システム

私たちの学校ではエコ・ドライバー（www.ecodriver.net）というエネルギーをモニタリングするソフトウェアを使っています。

ソフトウェアはもっとも簡易に扱えるレベルのものですが、学校全体の電気エネルギー使用量を毎週調べることができます。また、個別のエネルギー計測器がいくつもの建物にある場合、エネルギー使用量を比較することができ、競い合う要素にもなります。

このシステムは操作も簡単で、子どもたちがデータを集め、分析するのに最適です。システムにエネルギー消費量の目標を設定し、様々な方法でデータを分析、比較することができます。半時間ごとの消費量や年ごとの消費量の比較など幅広いデータの分析と表示の変更が可能です。データを分析し、そのデータがどのように見えるかを変化させる機会をたくさん作ることができます！

## 成功への報酬

エネルギーに関する挑戦は毎週行われるため、子どもたちの関心を保つための工夫が必要です。週間目標を達成した校舎には5ポンドをプレゼントしたことや、5分間休み時間を延長したことなどがあります。学校や学年が学びに必要なものやゲーム、アウトドアの遊具などを獲得するために努力するというのも良いかもしれません。
何らかの動機や報酬なしでは、子どもたちはすぐにエネルギーに関する挑戦に退屈します。悲観的にならないことも大切です。特定の校舎が目標を達成しなかった（よってその校舎の子どもたちは報酬をもらえなかった）という事実さえあれば、次の週は頑張ろうというモチベーションにつながるはずです。

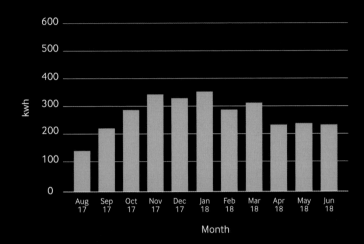

エコ・ドライバーを使用した際：

2017／2018年度に平均で

# 2965

2,965kwhのエネルギーを私たちの
ジュビリー・ブロック※40で消費しました。

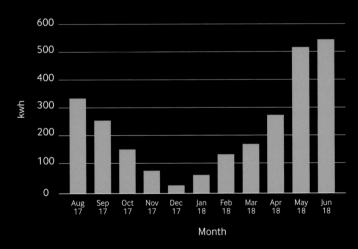

# 2525

ジュビリー・ブロックの
2,525kwhのエネルギーは太陽光に
よるものです。

※40 アシュレイ小学校にある建物の名前。

# 多様性の中で食べ物を育てる

**学校菜園の素晴らしい実践例はいくつかあります。しかし、取り立てて多様性を促進するという目的意識をもって食べ物を育てるということを、どのくらい考えたことがあるでしょうか。私たちは多様性が自然界の健全なシステムにとって重要な要素であることを知っています。そして、それは食べ物の成長にとっても良いことです。多様な仕組みと実践は、単一栽培の場合よりもしなやかな強さがあるのです。**

## 地域の専門家

若者を教育する賢明な方法を見出すために、知識と技術を共有してくれる地域の専門家を見つけることに時間を割く必要があります。

このことは特に食べ物の栽培に関して当てはまります。私たちの地域には、既に良い栽培の方法を伝えてくれる人がたくさんいます。例えば、学校のコミュニティ内の保護者または祖父母、地元の農家、または市民菜園の栽培者です。こうした人々は退職すると、学校の食料生産プロジェクトを支援する時間があるかもしれません。彼らが子どもたちとうまく意思疎通できる人であるかを確認したら、試用期間として彼らの様子を近くで見ていくことはもちろん不可欠です。そして期待に応えてくれるなら、子どもたちの学びに大きな価値を与えることができるでしょう。

## 知識と専門知識

私たちの学校では、パートタイム契約で庭師を雇用しています。冬は週に15時間、夏は週に20時間学校に来てもらっています。庭師の役割は食べ物を育てることと食育を行うことです。彼らの知識は豊富で、農薬を使わない有機栽培で食べ物を育てることに全力を尽くしています。また、子どもたち一人ひとりが農作業に従事できるように少人数のグループに分けて教えています。

ときには4人または6人の小グループのときもあり、最大10人で構成されています。サポートスタッフの一人が子どもたちと一緒に農園へ外出できるような活動を計画し、学年ごとに食べ物の栽培を幅広い「学びの問い」と結びつけることを目指しています。例えば、3年生では四季を通じて木について学び、果樹と秋の果物の収穫に焦点を当てています。一方、夏に古代ギリシャについて学ぶ5年生は、ギリシャ風サラダの材料の栽培に焦点を当てています。ただし、フェタチーズを作ったりはしません!

左の写真:収穫したニンジン

# 食べ物を育てるという挑戦

**若者たちに食べ物を育てるプロセスに参加してもらう手立てを見つけようとするなら、いくつか考慮すべき重要な点があります。**

## 産業化された食物と農業

世界的に食物と農業は私たちが地球の限界<sup>プラネタリー・バウンダリー</sup>を超えてしまう一番の要因でありながら、私たちが持続可能な許容範囲の中で生きていくための方法でもあります。

ますます産業化された食物および農業システムが影響を与えている4つの分野は次のとおりです。

1. 農業が引き起こすエネルギーの汚染と気候変動への影響
2. 土壌の枯渇と窒素固定肥料の過剰な使用
3. 水の過剰な使用と水系システムの汚染
4. 農薬の使用による生物多様性の損失

## 問題への対処

これらの課題に前向きに対応する方法を模索する際に、若者が問題とどのように向き合い、理解し、解決していくことができるのか、ここでは5つの学びのプロジェクトを提示します。

1. 農薬を使用しないで食べ物を育てるプロジェクト。有害な化学物質を使用せずに食べ物を栽培することの重要性を理解する
2. アニマル・ウェルフェアと動物性食品について子どもたちに教えるプロジェクト
3. 生物多様性プロジェクト。食べ物を育てるプロジェクトと並行して生物多様性を促進する方法を見出す
4. 地元の、季節に合った、そして可能な限りより持続可能で有機的な食べ物を調達することに焦点を当てた食料調達プロジェクト
5. 食品廃棄物を堆肥化して土壌の栄養分を補充する食品廃棄物プロジェクト

若者がこれらの問題に対する認識を高め、それらを理解できる経験に従事すればするほど良いのです。

14年間の学校教育で、若者はどのようにして食べ物や農業関連のプロジェクトにより積極的に従事できるようになるのでしょうか。そして、これは彼らが食べる食物と調達の手段に関する意思決定にどのように影響するのでしょうか。

---

左の写真：学校で育てた玉ねぎ、アプリコット、植え付けのセッション

# 食品廃棄物のリサイクル

食品廃棄物は、黒いビニール袋に捨てるのではなく、リサイクルし、堆肥化する必要があります。それは、決して魅力的な仕事ではありませんが、昼食時の食品廃棄物の重量を量ることは、廃棄物を土壌に戻して再び食べ物を栽培する循環のプロセスのきわめて重要な部分です。このことから、子どもたちは持続可能な実践における循環システムの重要性を学ぶのです。

写真：リサイクルされた生ゴミは栽培する場所に戻ります。

## 実生活とつながる学び

キッチンスタッフと子どもたちから成る食品廃棄物係の関係は、教室での学びと学校生活の隔たりをなくします。その学びでは、計量と測定の機会が生まれ、数学の学習も促されます。実生活の問題に学習をつなげ、子どもたちに学校生活の重要な側面に対する役割と責任を与えます。

私たちの学校では、食品廃棄物の重量を測定し終えると、現場管理者が(健康安全上の理由から生徒には行わせません)「リダン堆肥化シリンダー」※41に運びます。

## 堆肥化

「リダン堆肥化シリンダー」を使用すると、肉や調理済み食品など、食品廃棄物の大部分を堆肥化できます。堆肥にできないものは、パイナップルの皮、鶏の骨、ブロッコリーのような野菜の太い茎のみです。

食品廃棄物を「リダン堆肥化シリンダー」の上部にのせたらすぐに、同量の木質ペレットを加えます。木質ペレットは、廃棄物の液体成分を吸収し、堆肥化のプロセスを促進します。「リダン堆肥化シリンダー」の中に生ゴミと木質ペレットが入った状態で、回転ハンドルを使用して内容物をしっかり5回転させる必要があります。「リダン堆肥化シリンダー」から出したものを、さらに2～3カ月熟成容器に入れておいてから菜園で使用します。これらの容器は、ネズミが近づくのを防ぐため、しっかりと閉じておく必要があります!

## 食品廃棄物の挑戦

食品廃棄物係は廃棄物があまりにも多すぎると判断した場合、以下の2つのことを行います。

1. 子どもたちはキッチンスタッフと一緒に人気のないメニューは何か、一人当たりの量は多すぎていないかを確認し、メニューを再検討します。

2. 彼らはまた、子どもたちが急いで食べていないかや、昼食時のテーブルを去る前に十分食べているかを確認するために数日間残飯の状況をモニターします。これは食品廃棄物係がリーダーシップをとって果たすべき重要な役割なのです。

※41 学校で残された食物を堆肥化する校内設置の機械。(www.ridan.co.uk)

# セカンド・ライフ

**循環型経済では、廃棄物を生み出さず、何らかの方法で資源をリサイクルすることを
目的としています。新しい製品へ作り替えて再利用したり、フィードバックすることにより改善を図ったりしています。**

サーキュラー・エコノミー

## スマート・リサイクリング

アシュレイ小学校は、デルフィス・エコ※42という会社と協力しています。
デルフィス・エコは生分解性の洗剤を製造しており、英国で初めて100%リサイクルのプラスチックボトルを作りました。現在、私たちのプラスチックボトルの多くは埋め立て地や水域に至り、または私たちの景観を損ね、生分解するのに最大500年かかるかもしれないといわれています。リサイクルされるものも、処理のためにインドや中国まで輸送されることが多くあります。これは廃棄物をリサイクルする賢い方法ではありません。
最近発売されたデルフィス・エコによる100%リサイクルのプラスチックボトルは、通常のクリーニングボトルよりも5ペンス高いですが、このような重要な変化にしては少額の費用といえます。それを実現するには勇気と献身、そして「決してあきらめない」態度が必要でした。現在ダーゲンハムには、リサイクル工場があり、プラスチックボトルの廃棄物を地元でリサイクルし、新たないのちが吹き込まれたプラスチックボトルを生産しています。これは、より持続可能な方法を見つけるという決意の素晴らしい事例です。

## リデュース、リユース、リサイクル

学校では、廃棄物の削減とリサイクルに日々挑戦しています。それは、授業のために大量の紙を本当にコピーする必要があるかどうかを自問する教師からはじまるのです。子どもたちが絵を描いたり、デザインしたりする際には古紙の裏を使用することを続けています。不要になったリサイクル用紙は、各クラスのリサイクル・モニター係が学年ごとにグループ番号が付された青い蓋のリサイクル容器へと運びます。リサイクル・モニター係の現場管理者は、学校の終了5分前にこの日課を行います。そのおかげで毎日何が捨てられているかを振り返ることができるのです。

リサイクル容器は各週の終わりに計量して、誰がもっとも多くのゴミを生み出しているかを確認します。何が捨てられたのか分析することでとても興味深い情報が得られます。

食品廃棄物のように、ゴミのリサイクルに関しては毎週の目標を定めていませんが、応用することは可能です。常に、この種のアプローチは若者たちが物を大切にする意識をもち、捨てる量を減らす方法を考えるのに役立ちます。

※42 Delphis Eco (https://delphiseco.com/)

上の写真：デルフィス・エコのビオ・トイレ・クレンザー

# 種の衰退から再生へ

**地域にある果樹園にはかつてのコミュニティ・ライフの真髄がありました。残念なことに、現在では多くの地域果樹園は開発によって専門的知識とともに失われました。世代から世代へと受け継がれてきた地元の果樹の品種に関する豊富な知識は、一握りの人気品種の単一栽培に置き換えられたのです。**

### 果樹園の植栽

果樹の多様な品種を維持するために懸命に働いている専門的な種苗業者と栽培者の支援によって、種の衰退を食い止め、再生させられる可能性があります。

### ブログデイル果樹園※43で育てる

数年前、私たちは校庭の端にある果樹園を再生することに決めました。私たちは地元の「サリーリンゴ園」と一緒に植栽をはじめ、梨、プラムとセイヨウスモモを植えました。この冬はさくらんぼも植えました。

私たちは、4人1組の子どもたちが一緒になり、各グループ15本の植栽に取り組みました。これは、果樹園の創設に合計60人の子どもたちが関わったことを意味します。植え付けは、通常は最初の霜が降りる11月下旬か12月上旬の午後に実施します。それは非常に特別な機会であるため、私たちは地元のマスコミを呼ぶこともあります。

果樹園の植林プロジェクトは、学校レベルで、より広範な地域のプロジェクトとして、または国の主導でも行うことができます。木の品種がその土地特有のものであるほど良いのです。

私たちの「サリーリンゴ園」は、次のような品種を含む地元で採れた魅力的な果物を集めています。

1. クレイゲート・ペアメイン
2. カーネル・イェート
3. ジョージ・カーペンター
4. 公爵夫人のお気に入り ダッチズ・フェイヴァリット
5. コックル・ピピン
6. ジョイベル
7. ピクシー

学校が全国規模で果樹園再生プロジェクトを推進していけたら、それはどんなに素晴らしい話でしょうか。

---

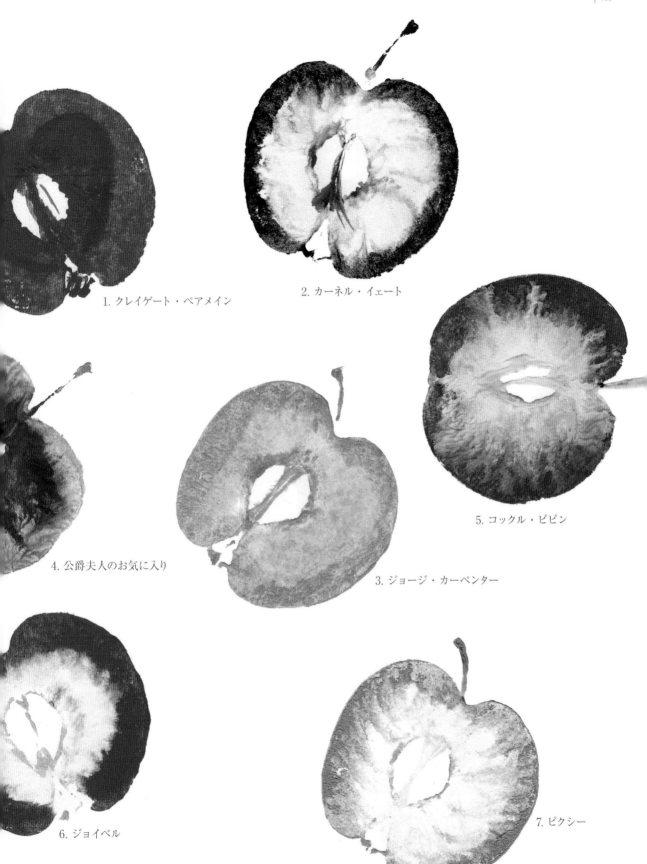

1. クレイゲート・ペアメイン

2. カーネル・イェート

5. コックル・ピピン

4. 公爵夫人のお気に入り

3. ジョージ・カーペンター

6. ジョイベル

7. ピクシー

世界の生物多様性は
非常に危うい状態にあります。
最近のWWF[44]の報告によると、
過去40年間で
生物多様性の半分以上を失い、
動物の数は驚くべき割合で
減少し続けています。

[44] 1961年に設立された100カ国以上で活動する環境保全団体
「World Wide Fund for Nature（世界自然保護基金）」の略。

写真：オオカバマダラはインドを通って北米に移動をする渡り蝶。
農業の産業化により種の存続が危機に瀕している。

私たちは今、6番目の絶滅期である
人新世時代※45にいます。
WWFは、
生物多様性が今後10年以内に
3分の2も減少すると予測しています。

前回の絶滅の時代は
恐竜の時代でした。

※45 人類が農業や産業等による自然の大規模な改変を通じて地球全体の環境変化をもたらしている時代のこと

野生

# 草原に咲く野の花

**生物多様性は
豊かでしなやかな強さをもったいのちの
きわめて重要な要素であることを
私たちは知っています。
若者たちが
まだ残されている生物多様性を保全することが
このうえなく重要であることを認識するだけでなく、
その多様性を促進する方法を
見出す手助けをしなければなりません。
これを行う素晴らしい方法は、
草原に野の花々を植えることです。**

私たちは地元の生物多様性を促進するために、
多くの野の花の牧草地を作ってきました。
牧草地には様々な種類の野の花の種が蒔かれています。
私たちは校庭の端の方にある土地をきれいにし、耕し、種を蒔きました。
通常、4月に種を蒔き、花々は夏学期の後半に咲きはじめます。

野の花々の牧草地は、
特に蜂や蝶がその上を飛んでいるときには、
まるで魔法の世界のようです。
牧草地はどのような学校にもなくてはならないものです。
課題は、種を蒔く適切な場所を見つけることです。

左の写真：学校の野の花の牧草地

野 の 花

種の収集

秋には、
野の花のシードヘッド※46を
集めます。その目的は、
学校敷地内の他の場所でも
種を蒔くために種子を収集して
保管することです。これは、
循環システムがどのように
機能するのかを子どもたちが学ぶ
素晴らしい方法です。

左の写真：種の収集

※46 花が種子を付けて頭状になったもの（綿毛など）。

# 素晴らしい蜂

**蜂について学ぶことは、あらゆる年齢層、特に子どもにとって魅力的な経験です。**

## 健全な生態系

若者たちに蜂について、そして健全な生態系を維持するうえで蜂が果たす重要な役割について教える機会が多ければ多いほど、それは素晴らしいことです。私たちは可能なかぎり実践を通して蜂の手助けとなる必要があります。

## 蜂と受粉

数年前、学校の敷地内に蜂の巣箱を置きました。それ以来、私たちは、多様な生物の生息地を作るために、野の花、地域固有の樹木、果樹を植えてきました。しかし、花の受粉と果実の成長を支える役割は、ずっと蜂が果たしてきたのです。

## 養蜂

養蜂をはじめたとき、私たちは地元の「養蜂家協会」と協力して蜂の巣箱を設置し、安全確認をしました。

夏学期の後半には、2年生の子どもたちに、毎週1時間の一連の授業を行います。毎週6～8人の子どもたちのグループが特別な子ども用のスーツと手袋を着用し、安全を確認したうえで、養蜂インストラクターと教職員と一緒に巣箱に向かいます。私たちが子どもたちに与えるただ1つの指示は、落ち着いて静かにすることです。興味深いことに、校舎に戻ったら、外で蜂と過ごしていた子どもたちに対して廊下を歩くときにささやき声で話すようにと、いつも注意できるようになるのです！

## 専門知識の開発

私たちは蜂についての学習を、子どもたちが巣箱を訪れはじめる数週間前に行うように調整します。これにより、蜂の巣の維持に取り組む際に、蜂の種類と特定の行動を識別できるようになります。彼らはすぐに蜂の巣がどのように機能するかを理解し、巣の生活を構成する様々な役割と相互作用に関する小さな専門家になります。

## 蜂蜜の採取

夏学期の終わりごろ、または秋学期の早い時期に、子どもたちが家に持ち帰ったり、学校の隣にある「グリーンストール[47]」で売ったりするために、蜂蜜を採取して小さな瓶に注ぎます。それは大変な努力のいる作業ですが、採蜜機の底に美しく透明な金色の蜂蜜を見るときはすべての努力が報われるのです。

## 自然な健康療法

校庭の植物が多様性を増せば増すほど、蜂は活発になりました。そして、私たちの蜂が活発になればなるほど、蜂蜜の収穫が増えたのです。これは相互に有益なパートナーシップです。そして、もちろん地元産の蜂蜜は人々がもっているかもしれない病気の治療にもよく効くのです。

右の写真：アシュレイ小学校の蜂

100箱以上の
蜂の巣の世話をしてきた養蜂家は、
長年働いてきた中で蜂について
何を学んだかをたずねられました。
彼はこう答えました。

「私たちは何も知らない！」

# 21世紀の学校

教育における「ハーモニー原則」に基づいた活動はまだ初期段階ですが、子どもたち、教師、教育者からの反応は非常に肯定的です。『ハーモニー』※48のサブタイトルに記されているように、それは世界を見る新しい方法です。教育的な言い方で表現すると、それは世界をまなざし、世界について学ぶ新しい方法なのです。

## パラダイムをシフトさせる

このアプローチの目的は、教育パラダイムを新しくてより良い方へとシフトさせることです。学びに文脈を提供し、学習者を学習のプロセスの中心に置きます。それは彼らを本当の意味ある学びを探究するように誘います。また、探究を通じて課題を扱う際、子どもたちのリーダーシップに重点を置いています。これは重要なことです。もし私たちが若者たちに持続可能な未来のためのリーダーになるように望むのなら、小さな頃からリーダーとして自覚できるように能力をはぐくむ必要があります。

教師の観点からしても、この学習方法は明らかに価値があります。彼らはその学びに目的を見出し、その潜在力に心を踊らせています。ある教師は、「これまで私のキャリアの中で教育の意味を探し続けてきましたが、いまやっとそれが何か分かるのです。」とシンプルに言いました。

## 次のステップ

未来と私たちが直面する多くの課題に目を向けると、ものごとのあり方、またものごとがどのようにある

べきかの真実を示唆するような教育へのアプローチを模索する必要があります。テクノロジー、人工知能などは、間違いなく私たちが歩む先で重要な役割を果たしますが、私たちが自然から学び、私たちを支える自然のシステムに自らの実践を合わせないと、悲惨な結果を招く可能性があります。

もちろん、この作業は開発に幾年もかかり、他の場においても同様の実践を確立していくにはさらに時間がかかるでしょう。それゆえ最初のステップが手の届くところにあることが重要です。新しい実践を導入するときには教師の自信が関わってきます。トレーニングを提供し、これらの実践を通じて話し合う時間を確保し、経験を積むことが不可欠です。

何よりも、学びへのこのアプローチは教師を奮い立たせ、夢中にさせ、子どもたちの学びも生き生きとしてくることがわかります。

以下のページに掲げるのは実現可能な出発点です。教育のパラダイムシフトをどのように実現するかを検討する際に、これらは鍵となる足がかりを提供してくれるでしょう。

## どこからはじめるか

教育現場でこの作業を進めるうえでの最大の課題は、どこからはじめるかを決定することです。成功するためには、教師は自分に何が求められているかを理解する時間を必要とします。学習目標から学びの問いかけへの移行など、一部の要素はすぐさま取り入れることができます。一方で、幾何学などは十分な練習が必要になるでしょう。ただし、重要な点は、出発点が合意され、最初のステップが実際に実行されることです。教育において前向きな変化をもたらすためには、まずははじめてみて、それから私たちの献身的な取り組みを持続させる必要があるのです。

ひとたび1つのプロジェクトが進行されたり、または学校で確立されると、2番目のプロジェクトがはじまる可能性がはるかに高くなり、勢いが増します。

はじめるためのアイディアについては次頁からを参照してください。

---

※48 チャールズ皇太子の著書。原著(英語版)のタイトル訳は『ハーモニー：私たちの世界の新しい見方』である。

右の写真：新しいさくらんぼの果樹園

# さあ、はじめよう

## 1

### 価値観に基づいた教育

まだ導入されていない場合は、学校やより広いコミュニティで活かされる中核的な価値観（毎月または半学期ごと）を据えましょう。学校にふさわしいエートスと文化を創造するうえで重要であると学校コミュニティが信じるのはどの価値観なのかを調べ、集会、ニュースレター、展示会、学校行事を通じてそれらを共有していきます。

特に教職員がその価値観をきちんと自分のものとし、自分の中に取り込んだ場合、その価値観はすぐに学校の言葉となるのです。

## 2

### 学びの問いかけ

学習の目標を設定する営みから学びの問いかけを大切にする営みへと移行させます。このような子どもを引きつけるアプローチが彼らの授業への参加にどのように影響するかを観察してみましょう。「なぜ」と「どのように」に重点を置いて、学びを開始するための適切な方法で問いが提示された場合、子どもたちは求められていることに大きな関心をもって応答する可能性が高くなります。問いかけはものごとのあり方に迫るものであり、これは私たちが学校で必ず創り上げたいある種の文化なのです。

## 3

### 学びの問い

ひとたび問いかけることが学校で当たり前の文化となったら、問い（包括的な学びの問い）またはプロジェクトを中心とした学びを構築するためにできることを、教職員と一緒に探究してみましょう。そうすることで、私たちの学びは教科中心の学びから離れ、異なった教科同士が1つのテーマのもとにまとまる統合的なものへと移行していきます。相互依存とはまさに1つのものともう1つのものとを結びつける関係性そのものなのです。

このように教えることによって、子どもたちは生きとし生けるものの相互依存性を十分に理解するようになります。教科中心の技能と知識を教える必要性はありますが、カリキュラムを計画する際に教科間のつながりに焦点を当てているなら、より統合的なアプローチが形になりはじめ、学びにははるかに大きな意味づけがなされるでしょう。問いかけをうまく活用して学びの旅を築くことは、子どもたちを引きつける素晴らしい方法なのです。

# 5

## 体験に基づく学び

体験型の学びは、学びのプロセスをより記憶に残るものにします。常に可能ではないかもしれませんが、実生活上の体験を通じてより多くの学びを生き生きとしたものにすることができます。一例ですが、食べ物を実際に育てることによって初めて、食物の成長過程について本当に知ることができるようになるのです。

この種の学びのおかげで、私たちの世界の理解の仕方に非常に異なる次元がもたらされます。私たちは頭から手へ、知識から実践へと動かされていくのです。このアプローチの組み合わせを正しく行うことはバランスの取れたカリキュラムの重要な要素となります。

# 4

## 自然界の循環

通常、教科書中心の学びは教室の外で実際に何が起こっているかに注意を払っていません。特に自然界の循環と季節の循環に学びをリンクさせる方法を調べてみてください。この方法により、学びが現実の世界へと引き込まれていくたくさんのチャンスが生まれるのです。子どもたちは周囲の世界で実際に何が起きているのかを知るようになり、実践的な調査に学びを適用する多くの機会に恵まれ、学んでいることへの関心が高まります。重要なのは、持続可能な好循環をつくる実践の重要性を認識するような心持ちをはぐくむことです。

# 6

## スケッチ

スケッチのための定期的な時間を導入してみましょう。自然界のものに関する詳細な観察を作図することにより、子どもたちは細部に注意を向け、実際にそこにあるものをまなざす能力が養われます。「何が見えますか？」と問いかけ続けることが重要です。
スケッチと観察図はレッスンをはじめるのに最適な方法です。子どもたちがとても慎重に何かを探究する学びの手助けとなり、自然界の素晴らしいデザインが私たちに教えてくれることに気づくのです。

この活動において重要なことは、絵を描いている時間と同じくらい観察することにも時間をかけるということです。
これは簡単なことではありませんが、時間が経つにつれてスケッチや図面の質が高まり、子どもたちの様々ないのちの形に対する理解も向上します。

## 幾何学

幾何学とスケッチは相性が良いです。スケッチは子どもたちが目の前にあるものに創造的に応じる手助けとなりますが、幾何学はより形式的なプロセスです。これにより、子どもたちは自然界の形と伝統的な模様を模写してもっとも喜ばしい結果を得ることができます。上手に描くためには多くの集中力と正確さが必要です。それは学びへと引きつける方法なのです。

カリキュラムに幾何学を導入するとき、教職員の自信が鍵となります。毎週の職員会議の開始時に20分間ずつ、幾何学の練習に1年を費やしました。この時間は子どもたちと一緒に授業を実施する際の教職員の自信に不可欠なものとなったのです。

## 1つの原則を選ぶ

「ハーモニー原則」の1つを選択し、それを学年または学校全体のプロジェクトの中心として活用してみましょう。プロジェクトは1週間または半学期ほどの長期でも実行できます。学校全体で実施される場合、異なる学年のグループはその特定の原則について異なる視点をもって取り組むとよいでしょう。

たとえば、原則が「健康」である場合、ある学年のグループは健康と運動、および身体の仕組みを調べることができます。別の学年は、健康的な食べ物と、食べ物が旬にあるときについて調べることができます。別の学年は、精神的な慣行に従事する宗教や文化と関連づけて、健康に対する精神的な側面を探ることができます。

## 地元コミュニティのプロジェクト

地域の状況に見合う学びのプロジェクトを各学年で打ち立て、地域そして地域社会とのより確かな一体感を築きましょう。毎学期または毎年、子どもたちをより広いコミュニティにつなげ、世代を超えて他の人々とパートナーシップを構築するプロジェクトを計画してみましょう。

「グレート・ワーク」

学習の半学期を成績評価で終わらせるのではなく、半学期をかけて学んだ特定の側面を、子どもたちの質の高い作品のプレゼンテーション、パフォーマンス、または展示で祝福する方法を見つけてみてください。

もちろん、評価を行うことはできますが、子どもたちが自身の「グレート・ワーク」をどのように見ているかに焦点が当てられれば、彼らはより自尊感情を高めることになるでしょう。「グレート・ワーク」は段階的に導入できるため、半学期ごとに定例で行うようにする前に最初の半期のみ導入すると良いかもしれません。

# 10

サスティナビリティ・プロジェクト

各学年の代表者と教職員のメンバーでエコ係を結成し、学校生活の重要な特徴となり得るサステナビリティ・プロジェクトを確立します。このことは注目される学校生活の側面となるでしょう。学校内外で行われていることを促進するための多くの機会をつくります。それはエネルギー消費を測定して削減するプロジェクトになるかもしれません。学校のお金を節約し、$CO_2$の排出を削減することはできるのです。またはプラスチックゴミの課題に取り組むプロジェクトになるかもしれません。学校でビニール袋の使用禁止を導入して、使用する前にみんなに考えてもらいます。さらには、可能な限りリサイクルすることでゴミを減らすことだけを目的とするプロジェクトとなるかもしれません。

# 11

学校での食事

調達プロセスに取り組むことで、学校の食品の品質を改善してみてください。その結果、より多くの食材が地元で調達され、季節により関連づけられるようになります。可能であれば、少量でも有機農産物をメニューに加えることができるかを確認するとよいでしょう。本当に健康的な食べ物を提供したい場合、単に窒素固定肥料や農薬スプレーが使用されていないだけでなく、自然の循環的な慣行と同じようにしてできた食べ物を提供することが最良のアプローチとなるはずです。このことは循環型の有機農業システムによって実現されます。この循環のもう一端では、学校の生ゴミのリサイクルが行われています。それは、生ゴミから作った堆肥が土壌に戻って土が再び育てられるようになることで食物サイクルのループをつなぐ素晴らしいプロジェクトです。

# 12

# 「ハーモニー原則」と
# 持続可能な未来

**持続可能な未来を創りたいなら、自然を私たちの先生にすることです。**

## 私たちは自然である

私たちの周りに存在する自然のパターンと幾何学は、私たちの中にも存在することを理解する必要があります。私たちも自然の一部であり、そこから切り離された者ではないことを理解しなければなりません。

## 循環の中で考える

私たちは循環的に思考をめぐらし、廃棄物を出したり、環境を汚染したりしないようにする必要があります。すべてのゴミは循環の中へ戻す必要があります。

## 包括的に活動する

つながりや関係性、そして私たちの行動の先の結果を見つつ、包括的に活動する必要があります。

## 多様性を大切にする

多様性とはシステムまたは組織にしなやかな強さを与えてくれるものだと理解をしたうえで、すべてにおいて多様性の価値づけをする必要があります。

## 健やかに生きる

私たちは健康を目標にする必要があります。それは、個人の健康、共同体の健康、土と空気と水の健康です。

## 地元に焦点を当てる

私たちは地元に照準を合わせる必要があります。遠くから来たものを消費するのではなく、地元の伝統と文化、地元の食べ物、地元の製品に注目します。

## 内なる生活の時間

私たちは内なる人生、沈黙と静寂、熟考、瞑想、祈りのための時間を自らのために与える必要があります。

## 行動を起こす

ハーモニーへの取り組みはまさに行動を起こすことです。それは自然の「ハーモニー原則」に導かれ、より持続可能な未来へと私たちを導く行動です。

「子どもたちや孫たちに、より持続可能な立ち居振る舞い方を伝えたいなら、『サスティナビリティ革命』としか言いようのないものに着手しなければなりません。しかも早急に、です。世界に対する考え方やその中での行動の仕方を変えるためにあらゆる種類の劇的な措置を講じることが必要となります。私たちにはこのことを行う能力があると私は、信じています。私たちが見なければならないのは、解決策が身近にあるということだけです。」

チャールズ皇太子
『ハーモニー』（ハーパーコリンズ、2010年）

日本でも
「ハーモニー原則」！

# なぜハーモニー原則はポスト・コロナ時代の日本の教育において重要か

アシュレイ小学校での18年間にわたる実践が物語っていることは何でしょう。同校は、イギリスを代表するESD（持続可能な開発のための教育）の優良実践校としてユネスコ／日本ESD賞の候補に選ばれたこともある学校ですが、一般のESD実践とどこが違うのでしょうか。ここでは日本の教育実践にとって特に重要であると思われるアシュレイ小学校のユニークさについて12点ほど述べます。

　第1に、気候変動などの地球規模課題に足元から、チャレンジしている点です。例えば、本文に示されているように、食べ物を育てる日常の活動を通して、子どもたちは具体的に起こせるアクションを自然と身につけています。エネルギーについても同様に「サスティナビリティ革命」の主人公としての自覚が子どもたちには根づいています。上級学年になって地球規模課題の厳しい現実をデータとして突きつけられても、決してあきらめず、問題を解決しようという姿勢を崩しません。いかなる困難に直面しようとも仲間との日常生活でのアクションを通して、むしろエンパワーされているのです。つまり、国連がこの10年ほど唱えてきた、気候変動への取り組みを通して人々が希望を抱き、対策をさらに社会全体へと広めていく 'ACE（Action for Climate Empowerment）' を自然体で実践しているといえます。

　第2に、こうしたアクションは地球史を通して連綿と紡がれてきた普遍的ともいえる「原則」に裏打ちされており、単発のプロジェクト学習にとどまらず、入学から卒業までの学びの体系として、じっくりと持続可能性につながる価値観がはぐくまれている点です。ハーモニー原則の教育が「深いSDGs」を実現する、またはESDに深まりをもたらしている背景には、生活と一体化した学習の構造化が見出せるといえます。

　第3に、「問い」を中心に据えた教育である点です。学校の教育では正答を正確に答えることが子どもたちに要求されてきました。この過程でテストが重要な位置を占めてきたことは言うまでもありません。一方、アシュレイ小学校では、大きな問いから小さな問いかけに至るまで様々な問いがカリキュラムの網の目を潜るように連綿と位置づけられています。この結果、正答をすぐに知りたがる子どもではなく、問いとともに歩むことを楽しむ子どもが育っていくのです。これはまさに不確実性の時代といわれるポスト・コロナ時代に求められる資質であるといえましょう。

　第4に、価値観を重んじた教育である点です。アシュレイ小学校では、卒業までの時間をじっくりかけて、日常生活を通して持続可能な社会の創り手としての資質が醸成されていくように価値観が養われます。日本の道徳教育のように教科書があり、教室で教えられる知識や態度とは根幹が異なる実践です。前述の通り、同校はESDの優良実践校としても知られています。今後、10年間の指針としてユネスコ総会及び国連総会で承諾された 'ESD for 2030' では「深い次元での変容」（profound transformation）が求められてい

ますが、同校の教育はそれを時間をかけて実現しているのです。

　第5に挙げられるのは、情動の学びと仲間との協働学習です。それは、近年、国際的にも注目されている「社会・情動的学習」（SEL：Social and Emotional Learning）に相当します。本文でもくり返し強調されているように、伝統的な従来の教育で教える知識・技能中心の学びと「グレート・ワーク」などによる仲間との協働、またプロジェクトや作品作りを通した個々人の感情表現がバランスよくカリキュラムに組み込まれています。気候変動をもし知識のみで教えるならば、目の当たりにする災害と温暖化の厳しいデータを前に子どもたちは希望がなかなかもてないでしょう。しかし、アシュレイ小学校では、芸術に親しむといった工夫を通して情動的な学びを仲間とともに行っているため、子どもたちは人生に対して実にポジティブです。同校はSELを20年近く実践してきた学校ともいえるのです。

　第6に、計画性のみならずデザイン性も重んじた学校全体の設計になっているということです。もちろんアシュレイ小学校も計画的に運営されており、政府の要請に沿った教育が保障されています。しかし、こうした計画性の一方で、色とりどりの糸が縦横に通された織物のようにカリキュラム全体が設計されています。縦糸は自然界の諸原則であり、横糸は「価値観」、「問い」、「プロジェクト」、「グレート・ワーク」です。このようなデザインのおかげで学校生活全般が生き生きとした暮らしと学びの共同体として持続されるのです。

　第7に、アシュレイ小学校の教育にはユネスコがつとにその重要性を指摘してきた‛Learning to Be’（人間存在を深めるための学び）が見出せるという点です。終章にあたる「21世紀の学校」の「次のステップ」（p.142）には、「未来と私たちが直面する多くの課題に目を向けると、ものごとのあり方、またものごとがどのようにあるべきかの真実を示唆するような教育へのアプローチを模索する必要があります。」と書かれています。これはまさに根源的に問う教育であり、その結果、いざというときには拙速な回答を慎み、立ち止まって深く考える子どもが育つのです。

　第8に、テクノロジーとの適切な関係です。一見、自然界の諸原則を重んじるがためにアシュレイ小学校ではテクノロジーを忌避すると思われる読者もいるかもしれませんが、必ずしもそうではありません。むしろ適切な技術は積極的に取り入れているといえます。実際、本文で紹介されているように、消費・生産エネルギー量をはかるエコ・ドライバーや堆肥を作るシリンダーを民間企業（大企業ではなく、どちらかというと地元の中小企業）から導入し、プラスチック問題にも最先端の技術をもつ国内随一の企業と共同して取り組んでいます。

　第9に、アシュレイ・スクールは保育園も併設された小学校ですが、「ハーモニー原則」は、日本でいう中学・高校にあたる中等教育や大学などにあたる高等教育にも可能性が拓かれているという点です。開発はこれからですが、この原則は発達段階に応じて諸原則を

154

当てはめて異なるアプローチを採用すれば、あらゆる教育段階で応用できます。「自然のハーモニー原則」の章で言及されているように、それぞれの教育段階で開発されていく課題は実にやり甲斐のあるチャレンジになるでしょう。

第10に、公立校の潜在的な可能性を広げた実践である点です。本当はあの私学のように自由な実践をしたいのに…とか、シュタイナー学校のようにシームレスな学びを展開したいのに…とか、公立学校では制約だらけで無理だ…という思いを抱いて途方に暮れている教師と筆者は出会ってきました。本書には随所に、ナショナル・カリキュラムや学習指導要領の知識と技能との「折り合い」のつけ方がいかに大切かということが示唆されています。ときには、既存の制度そのものを換骨奪胎するような試みも行われており、実に天晴れです。

第11に、良くも悪くも、公立学校ならではの不ぞろいさが見られる点です。貫徹したロジックや結晶化されたような理論があって、それが実践を形作るのではなく、公立校ならではの「雑多感」が散見されます。例えば7つの原則の「幾何学」と「多様性」と「健康」は同列には並べにくい概念です（自然界に見出せる諸特徴として把握した方が理解しやすいかもしれません）。同様に、価値観のリストを見ても同列には扱いづらい概念が混在しています。これは一筋縄ではいかない現場感覚のあらわれであると筆者はとらえており、「ハーモニー原則」を教育分野で世界的に広めていくときの課題です。この点については幾た

びもダン先生と話し合いましたが、純粋な理論を徹底すると現場が違和感を感じてしまったり、引いてしまったりすることがあるようです。刷新に挑みつつも、現場の声に傾聴し続ける——そうしたグレーゾーンにとどまる力も必要なのでしょう。

最後に、もっとも大切な特徴ですが、希望をもたらす教育であるという点です。気候変動や格差など、地球規模の課題が日常化した昨今、特に新型コロナウイルスが世界を席巻して以来、現代はとかく生きづらい時代であり、若者にとってはことさら希望を抱きづらい時代であるといえましょう。そんな時代にありながら、子どもたちに希望をもたらすのがアシュレイ小学校での実践です。そこは評価ですら「グレート・ワーク」に象徴されるように、子どもたちの自尊感情を高めるようにとらえられているのです。予測困難な時代にありながらも、心の奥底で「この世は生きるに値するんだ」という感覚をもち、時代状況にかかわらず希望をもって生きていく資質を備えた子どもたちがはぐくまれているといえます。

さて、次に、ダン先生との出会いをきっかけにご自身の学校を「ハーモニー原則」でとらえ直した京田辺シュタイナー学校の中村真理子先生による取り組みを紹介します。工夫しだいで日本でも「ハーモニー教育」は十分に実践できる——このことを示す事例としてぜひ、ご一読ください。

永田佳之

# 「ハーモニーの7原則」の学びと実践

## はじめに

2016年11月19日、学校をサスティナブルにするためのワークショップで、初めてリチャード・ダン先生のお話を伺いました。それは、私にとって目から鱗が落ちるような体験でした。

なぜならそれまで、ESDの実践とは一部の学校が特定の活動に取り組むことだと思っていたからです。この日をきっかけに、ESDは手の届かないような特別な活動ではなく、私たちが日々行っている授業や生徒たちとの活動の中にすでに存在していたこと、または、すぐにでもはじめられるようなことだと気づいたのでした。

ダン先生は「教育には革命が必要である」と言います。でもそれは、意識を向けさえすれば「今日からでもはじめられる」革命です。私たちが目指すものは、「学びの本来の目的」であり、「子どもたちが学ぶ内容に意味やつながりを感じられる」ようにすることです。それは日常の教育活動においてこそ大切なことだと思います。

以下では、「ハーモニーの7原則」に沿って子どもたちと楽しめる活動例を紹介します。

私が働くシュタイナー学校で行ってきたこれらの実践の中には、一般の学校でもほんのちょっとした工夫で簡単に実現できるものがたくさんあります。それを学校全体で取り組めれば素晴らしいですが、一人の先生が自分のクラスの中から実践することももちろん可能です。明日にでもはじめられるアイディアをお届けできれば幸いです。

2年生クラスの朝の風景

廊下につるされた干し柿

# 「ハーモニーの7原則」に対応した
# 教育活動を行うための様々なアイディア

# 「循環の原則」 1

## 授業を円ではじめる

「円は循環の象徴」です。授業のはじまりに皆で1つの円を作るとお互いの顔が見え、クラス全体を感じられます。一人ひとりが自分の居場所を見つけ、安心感をもつようになります。詩を唱えたり、歌を歌ったり、短い時間でゲームをすることもできます。円でできるゲームは市販の本の中にもいくつか見つけられるでしょう。

## 季節の「循環」を意識する

どの学校でも季節を感じる活動がたくさんあります。季節ごとの行事、理科や生活科で植物を育てたり収穫したりすること、国語の教材の単元にも季節感があります。教師がそこに「循環」の意識をもち大切に行うことで、子どもたちの受け取り方が変わってきます。

### ・季節ごとの散歩

子どもたちは、学校の外へ出かけていくのが大好きです。季節ごとに近所の公園や神社に出かけると、年に一度の遠足よりも季節の変化を感じることができます。

### ・季節のテーブル

教室の中に、散歩で摘んだ草花や木の実を飾るコーナーを用意します。季節を表す飾りや細工物などを一緒に置いて、季節の風景を作りだすと、そこに季節の移り変わりが生まれます。

### ・生活科を活用する

自分たちでいくつかの作物を育てるとき、春にヨモギを摘んだり、秋には干し柿を作ったりします。風土に適した素材でプリミティブな暮らしの営みを体験すると、そこにたくさんの循環があることに気づきます。

## 理科の授業の中で

理科で扱う単元のほとんどは、ESDとハーモニーの原則につながるものです。植物や動物、人間の生命に関する学び、地球や天文に関する学び、化学や栄養学は、特に「循環の原則」と関わりの深いものです。子どもたちとともに、循環する生と死、再生のプロセスに驚き、目を見張ることは、持続可能性への第一歩です。

### ・鉱物の循環
(6年理科「土地の作りと変化」など)

火山の噴火により岩石が生成されます。その岩もやがては風化し、水によって運ばれて堆積し、長い年月をかけて岩盤となります。プレートの移動によって、岩盤は地中へと潜り、マントルに溶け込み、再び火山へ。動かないように見える岩石もゆっくりと「循環」をしているのです。

### ・焚き火(燃焼)から出発する循環
(6年理科「燃焼のしくみ」など)

「燃焼」や「物質の性質」についての学びを子どもたちと焚き火をすることからはじめてみます。色々なものを燃やしてみると「よく燃えるもの」と「燃えないもの」があることに気づきます。よく燃えるものは、植物や動物に由来するもの、つまりかつて「生きていたもの」たちです。
燃焼によって酸とアルカリという2つの極に分けられた物質は、水の仲立ちによって中和されます。酸を含んだ雨水は、石灰岩を溶かし、もう1つの中和作用である塩(えん)とともに地形を形成します。様々な物質(酸性やアルカリ性、中性など)を学ぶ化学の単元では、燃焼と塩という自然界の大きな循環を学ぶことができるのです。

## 堆肥(コンポスト)作り

育て終わった植物、学校で出る生ゴミ、校庭の落ち葉などで肥料を作り、それをまた利用していくことは、とても実践的な循環の体験です。

# 2 「相互依存の原則」

## 単元の枠を超えて

現在、学習している単元だけにこだわらず、学年の中での別の単元（必要なら他学年の内容に触れたって構わないでしょう！）を組み合わせると、ストーリーが生まれてきます。「子どもたちが学ぶ内容に意味やつながり」を感じやすくなるのです。

例えば、前述の「燃焼」の単元を「植物の作りと働き」や「生物の体の作りと働き」などの単元と結びつけると、燃焼のエネルギーと人間の活動エネルギーは、どちらもおおもとは「太陽の光」であることが分かります。そして、唯一「太陽の光」から栄養となる有機物を作ることができる植物の重要性など、地球が愛おしくなるような相互作用のストーリーを描き出すことができます。

## 教科の枠を超えて（総合学習）

様々な教科を結びつけて総合的に学ぶと、自然や社会が相互に依存し合い、すべてのものがすべての場所で必要な役割を担っていることを直接的に学べます。

### ・地理の学習で

地理は、動植物や物理・化学などに関する理科分野、音楽や美術などの芸術分野、言葉の学習といった国語分野など、すべての教科を総合させることができます。グラフや統計を利用すれば数学分野も関係してきます。

### ・数学・物理などの学習で

ある計算方法や定理がどのように発見されたか、それらの知恵が社会の発展や科学の進歩にどのように寄与したか、ほんの少し話すだけでも授業が豊かになります。理系科目を苦手としている子どもたちの興味のもち方も全く異なってくるのです。数学者や科学者の伝記を読むこともできますし、発見物語などの良い読本もたくさんあります。

## 相互依存をテーマとする内容

1つの単元の中で、既に相互依存の関係が含まれているものも豊富にあります。
・動物と人間、ミツバチ
・植物と人間、森林や海についての学び
・気候と植生、人々の暮らし

研修旅行

## 修学旅行を活用する

修学旅行は、素晴らしい総合学習の機会です。行き先が「京都・奈良」でも「東京ディズニーランド」でも、そこにはたくさんの「相互依存の原則」が発見できます。

### ・川の上流から海まで4日間の旅

岩石や地質、地形の変化と人々の暮らしの関係を探るため、川の上流から河口、海まで4日間の旅をします。川の上流では、林業を体験し、中流から河口までは、カヌーで下り、川の流れや岩石の変化を観察します。最終日は、浜辺で海水浴を思いっきり楽しみます。

### ・「京都・奈良」など歴史的な地域で

この場所でなぜそのような歴史がはぐくまれたのか。それには地理的な要因が関係しています。風土と歴史が、現在の人々の暮らしにどのようにつながっているかなどを考察します。

### ・「東京ディズニーランド」で

創立者ディズニーの「世代を超え、国境を超え、あらゆる人々が楽しめる世界」というコンセプト。それが生かされている、働く人々のプロ意識など素晴らしい側面と意図せず生じた反対の側面。人間の建設事業と環境への関わりなどをテーマに進めることができます（ちなみに本校でディズニーランドが選ばれることはないのですが）。

## 学年を越えたつながり

異学年との交流は、人と人との「相互依存」の関係を強く感じさせてくれる楽しい機会となります。自分の役割を認識して、責任感をもつことにもつながります。

# 3 「幾何学の原則」

幾何学

「『世界は美しい』と感じられるようになることは、持続可能性への第一歩だ。」というダン先生の言葉は、特に印象に残っている言葉の1つです。図形の学習を面積の求め方だけに終始せず、美しい幾何学を取り入れてみませんか。本校では、学年に応じた幾何学のカリキュラムがあり、教材集はネット書店などでも手に入れることができます。

・シュタイナー学校のカリキュラム

**フォルメン線描（小学1〜4年生）**
フリーハンドで様々な線や形を描き、内在する力や流れを感じる。

**フリーハンド幾何学（小学5年生）**
道具を使わずに描くことで図形に対する感覚を養う。

**幾何学（小学6〜中学2年生）**
コンパスや定規を使って様々な図形を描くことにより、法則性や美しさを発見していく。また、同様の規則性を自然界の中にも見つけていく。

**ユークリッド幾何学（中学3年生）**
定義と定理の中で図形を正確に捉え直し、証明という手法で論理的な思考を展開していく。

**自然界の中に見る幾何学（高校1年生）**
動植物や宇宙空間の中に見られる様々な形状の中に、黄金比、フィボナッチ螺旋、楕円、放物線、双曲線などを見出し、その法則性を作図の中で体験する。

**射影幾何学（高校2年生）**
無限遠点を設定することで、新たな世界観に思考を広げ、生命をもつ形態の作図を試みていく。

# 4 「多様性の原則」

手作りの教科書

## クラスの中に存在する多様性

様々な背景をもった一人ひとりが知り合い、お互いの個性を尊重する関係を築き、クラスの仲間として協力し合う。1年間の中でも多くの学びがありますが、もし学校全体で取り組めるなら、数年間を同じクラスで過ごし、じっくり関係を深めるとより人々の多様性の意義を実感できます。問題を回避するのではなく向き合う姿勢を養うためにも、挑戦する価値があるでしょう。

## 多様な文化的背景を学ぶ・体験する

小さい頃から英語以外の外国語にも触れること。世界の様々な神話や昔話に親しむこと。違う国や国内の異なる地域の先生や生徒たちと交流すること。日本の中でもそれぞれの地域が様々な文化的背景をもっています。

## 「手作りの教科書」

本校の子どもたちは、先生のお話を聞いて、その内容を文章や絵で表現し、一人ひとりが自分の「教科書」を作っていきます。全部そうしなくても、1つの単元で実践してみることも可能です。その学びがはじまる前に教科書を集めてしまい、それを見ずに自分だけの教科書を作るのです。
例えば地理で「ガイドブックを作ろう！」として、その国の気候や風土、人々の暮らしの様子や風景をまとめることもできますし、クラスで旅行をしているという設定で様々な国の「旅行記」を作ることもできます。もちろん普通に「教科書」としてノートを作ってもいいでしょう。能動的に学ぶことで、子どもたちにとって忘れられない単元となるのです。

# 5 「適応の原則」

「学びを地域社会に適応させていく」。それも自分らしさや大切にしているものを失わずに適応していく。自分たちが暮らす地域についての学びや、地域の人々との交流、その活動を大切にするとともに、基礎となる「自分に対する信頼」と「世界に対する信頼」を彼らの心にはぐくむことが大切だと考えています。

本校では、自分らしく社会に関わるためにも、小さいときにはまず「(守られている)安心感」や「(大人への)信頼感」を大切にします。

## ローカルな学び「郷土学」「生活科」

私たちは主に4年生で行われる地域の学びを「郷土学」と呼んでいます。地域の伝説を聞いたり、産業を調べたり、自分たちの足で歩き回って地図を作成したりします。3年生の「生活科」では、様々な地域の暮らし(衣食住)を体験します。もし、大工仕事が得意な大人がいたら、地域の風土が生かされた小さな家を作る「家づくり」は素晴らしい機会になります。

## プロジェクト

小学校高学年の生徒や中高生なら自分の興味・関心に応じて、それぞれのプロジェクトに取り組み、学びを深める機会をもつこと、互いの発表を聞き合うことは、素晴らしい多様性の学びとなります。学年の最初にテーマを決め(基本は「好きなこと」)、学年の終わりに発表する機会をもてば、最後を飾るにふさわしいフィナーレになると思います。自主学習的に取り組ませる中で、定期的に進行具合を確かめアドバイスをします。

### ・中学2年生ミニプロジェクトのテーマ

例)「借りてきた孵卵器でうずらの卵を孵し育てる(小屋なども手作り、観察日記をつける)」
　　「自分で一からカメラを作成」
　　「春夏秋冬それぞれのイメージの曲の演奏とそれらを繋げる中間部を作曲し、ピアノ演奏」

### ・高校3年生プロジェクトのテーマ

例)「中国文化圏を知る」
　　「数学史」
　　「気象」
　　「演劇」
　　「日本を知る―自転車日本縦断の旅」
　　「作曲」
　　「自然のことわりを探る」
　　「建築」

家づくり

# 6 「健康の原則」

## 多様な労働実習

地域にある竹林を地元の人々と一緒に整備したり、様々な施設に出かけて労働体験を行ったりします。

・農業実習(中学3年生)

・福祉実習

様々な障害をもった方の施設で働く実習。

・職業実習

興味・関心のある分野の仕事場に出かける実習。

## 人の話を聞く

地域の人々や様々な分野で活躍している社会人の皆さんを学校に招いてお話を伺います。また、保護者の協力のもと、生徒が関心のある職業の方をたずねてインタビューをします。

## 地域に開かれた秋祭り・バザー

学校行事やバザーに地域の方々を招待することは、地域に根ざす大きな機会です。日頃お世話になっている皆さんに喜んでもらえるよう力を合わせます。

「私たち人間の健康は自然界の健康と密接に結びついている」。そして、子どもたちの健康は学校や家庭の教育の力と密に結びついています。

## リズムを大切にした生活と授業

健康的なあり方を心地良いと思う感覚をもつためには、小さいときの生活習慣が基礎となります。
まず大切なのは、くり返されるリズムです。昔からの健康法である早寝早起きもその1つ。保護者の協力もいただきながら、家庭生活にリズムを作っていくと同時に、学校でも1日の時間割、1つの授業の中に集中と拡散のくり返される良いリズムを作っていきます。

## 成長段階に応じた学び

健康的な成長のためには、体に良い栄養が必要であるように、心にも栄養が必要です。授業はその心の栄養となるもの。ワクワクしたり、感動したり、授業による心の充足感は子どもの健康を左右します。成長段階に合わせた内容や方法で、健康な心と体をはぐくむ助けとなる授業を目指しています。

## 授業の中で

子どもたち自身が健康の大切さに気づき、どのようなあり方が健康につながるのかを考えるきっかけとなる授業内容も必要です。
・栄養学の学び(中学1年生)
・人間学の学び(中学2年生)
・食と農の学び(高校1年生)

農業実習

# 7 「ひとつらなりの原則」

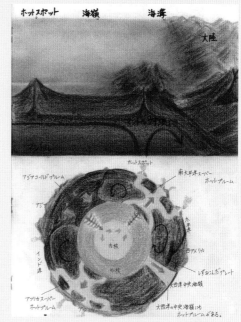

地球学のノート

人も動物も植物も、すべてはつながっていること。地球は1つの有機体であること。その感覚を取り戻していこうとするとき、自然や人間の力を超えたものに対して「畏敬の念」をもつことは、大切な働きをするように思います。

## 朝の詩

仏教やキリスト教など宗教を基盤とする学校なら礼拝やお祈りの時間が「畏敬の念」をもつことの助けになるでしょう。一般の学校（私たちの学校もそうです）であれば、心を込めて詩を唱える時間がそれに近い働きをもちます。

朝の挨拶のときに、心静かになる曲を笛で吹き、または歌い、決まった詩を皆で唱えます。続いて、一人の子だけのために詩を唱えます（一人ひとりに、詩を用意しています）。その時間は、皆でその子のことだけを考える特別な時間です。ほんの5分ほどの活動ですが、心を込めて真剣に行うようにしています。

## 地球学の学び

地球の全体像を世界各地の植生や気象を中心に学びます。地球の自転と風の関係（コリオリの力）、海流など、地球と私たちがひとつらなりのものであることを実感します。

## 演劇を通して

文学・音楽・美術等の総合芸術である演劇は、人と人とが向き合い、ぶつかり合い、そしてつながり合うことで生まれる芸術です。様々な面でとても有効な教育手段ですが、ひとつらなりの学びにもつながります。

## 大きな家族のような学校

保護者と生徒と教師が、それぞれの役割を分担し、また一人ひとりであると同時につながりながら、ともに学校を創っていると生徒たちが実感できているならば、それはとても良い学びです。さらに、卒業生や離任した先生、地域の人など学外の人々も、折に触れて訪問できるようなオープンな機会をもち、大きな家族のような学校でありたいと思います。

## おわりに

私たちは、ユネスコスクールの参加をきっかけとして、シュタイナー教育の枠に留まらない広がりを心がけていきたいと思っています。自分たちの当たりまえを外し、枠を超えることの難しさは、どの学校でも同じです。しかし、現代社会の「当たりまえ」を変えていかないことには、持続可能な社会は築いていけないでしょう。

昨年度、ユネスコスクールの先生方とともに「変容を促す16のアプローチ」という教材集を作りました。「変容」は、ESDの重要事項ですが、大きな「変容」も小さな意識の変化からはじまります。今行っている授業を少し別の目で見直してみる。少しだけ工夫を加えてみる。そんな小さな一歩が、やがては確かな歩みに、そして大勢の力強い足音となるのではないでしょうか。日本にある様々な学校がそれぞれの枠を超え、お互いに学び合い、つながり合って、子どもたちにより豊かな教育を提供していけるようになること。それが持続可能な社会を築いていく一助になることを切に願っています。

京田辺シュタイナー学校
中村真理子

## ワークシート集

本文では18年間にわたって展開されたイギリスの公立小学校での「ハーモニーの教育」実践を紹介しました。そこでは、自然界に見られる諸原則とともに価値観が重んじられ、「問い」を中心にしたカリキュラムが体系化されています。また一般にPBLと呼ばれる「プロジェクト学習」を通して「主体的・対話的で深い学び」が実現されています。そして「グレート・ワーク」で学びの集大成を分かち合い、皆で祝福するという「学びの共同体」が創られているのです。「ハーモニー原則」、「価値観」、「問い」、「グレート・ワーク」から成る教育体系は複雑に思われるかもしれませんが、その構図は〈いのち〉がはぐくまれる自然界とよく似ています（図2参照）。

このように体系化され、実践でもその有効性が裏打ちされた教育ですが、本書は「ハーモニー教育」という完結した教育体系を広めるために翻訳・出版されたものではありません。むしろ、20年近くにわたり多くの子どもたちと学校内外の大人たちを幸せにしてきた公立学校の教育に詰まった沢山のヒントを読者の皆さんのそれぞれの持ち場で生かしてほしいという願いが私たちにはあります。翻訳書のタイトルが『ハーモニーの教育』となっているのは従うべき「ハーモニー教育」モデルとしてではなく、大いに参考となるヒントが内包された教育としての意味が込められているのです。学校やプロジェクトの数だけ「ハーモニーの教育」はあってしかるべきだと思います。

ここでは、学校をはじめ、NPOなどの組織の方々にも広く活用していただくために、日本の現場の先生方にヒアリングを重ね、次の3つのコンセプトを中心に据えてワークシートを作成しました。

① ハーモニー原則
② 価値観
③ 問い（学びの問い）

本文では、価値観の説明があり、そのあとにハーモニー原則が書かれていますが、ここでは順番を逆にしています。それは「ハーモニー原則」の基盤にある考え、つまり「自然が教師である」という考えを第一に反映させるためです。価値観は言うまでもなく人間界で創られた概念（図1参照）である一方で、「ハーモニー原則」は自然界に見出せる特徴です。森に入れば、循環や多様性、適応等の具体例を見つけることは容易にできます。本書の冒頭でチャールズ皇太子が述べておられるように、私たちは持続可能な現代社会と未来を実現するためにこれらの原則を人間社会で活かすための方途が必要です。そこで重要となるのは、あらゆる文化で往古から強調され、連綿と受け継がれてきた価値観なのです。

ワークシートでは、図1の順番で一連のアクティビティを行うようになっています。また、とかくせわしい日本の学校現場でもじっくりと「サスティナビリティ革命」に取り組めるように、6年間で扱う価値観の数をアシュレイ小学校より減らしました。さらに「学びの問い」は1学期に1〜2つ、週ごとの問いは「学びの問い」を深め

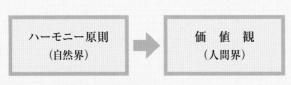

図1 「ハーモニー原則」と価値観の関係

# ハーモニーの教育

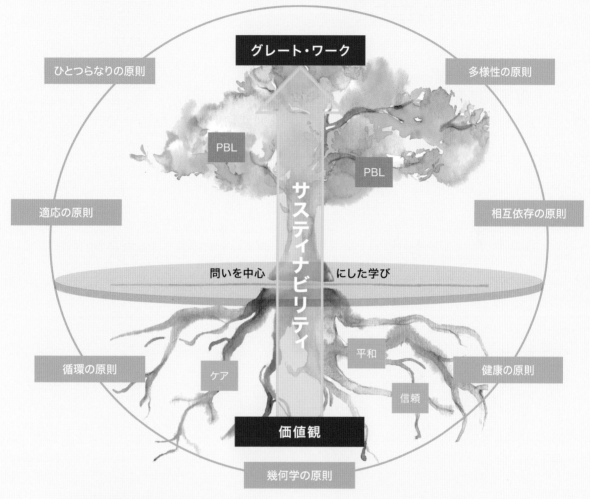

グレート・ワーク

ひとつらなりの原則　　　　　　　　　　多様性の原則

PBL

PBL

適応の原則　　　　　　サ　　　　　　　相互依存の原則
　　　　　　　　　　　ス
　　　　　　　　　　　テ
　　　　　　　　　　　ィ
　　　　　　　　　　　ナ
　　問いを中心　　　ビ　にした学び
　　　　　　　　　　　リ
　　　　　　　　　　　テ
　　　　　　　　　　　ィ

平和

循環の原則　　　ケア　　　　　　　健康の原則

信頼

価値観

幾何学の原則

※図中の木の根にある「ケア」「平和」「信頼」は価値観の一例です。また、木の枝にある「PBL」は、問いを中心に学びを深めていくプロジェクト型の教育手法を表しています。

図2：「ハーモニーの教育」の全体像

られる教科単元の問いとしました。

図2にも示されている通り、グレート・ワークまでの学びのプロセスを有機的につなげるのは一連の「問い」です。ここでは、特に「学びの問い」つまり、「正答のない問い」が個々の学習体験をつなぎ、「持続可能な未来」に向けた価値観が醸成されていくようなワークシートにしています。

さらに、子どもたちのワクワク感をそそるプロジェクトに発展するようなアクティビティ集も用意しました。低・中・高学年に区分けしていますが、もちろん低学年の例を中学年で試してみることもできますし、高学年のアクティビティを中学校以上で試みることも可能です。中には、単発のアクティビティから継続的なプロジェクトに発展する可能性を秘めた例もあります。

それでは、皆さんなりの「ハーモニーの教育」創りにチャレンジしてみて下さい！

# 「持続可能性の文化」*を学校でつくろう!

*これまで本書では「持続可能な学校文化」を用いていますが、ここでは学校以外の組織でも実践できるようにユネスコが公式に採用した「持続可能性の文化」を使用しています。

## 1. 「ハーモニー原則」から 教育実践をとらえ直そう!

自然の「ハーモニー原則」は私たちが自然界の一部であることを思い起こす手がかりを与えてくれます。また、私たちがウェルビーイングと持続可能性を中心とした生き方へシフトしていくための道しるべとなる原則です。学校の学びに、そしてご自身のライフワークの中に「ハーモニー原則」を取り入れてみましょう。

まず教師一人で実践してみるのも良いですが、学年もしくは可能であれば学校全体で取り組んでみましょう。以下は学校全体で取り組む場合を規定したガイドになっています。

### Step 1

幾何学の原則を除いた*6つの「ハーモニー原則」を1年間のいずれかの時期に設定します(ワークシート1)。例えば、新学期始まりの4月と5月は下級生が上級生から学校で大事にしてきたことを受け継ぐという意味で「循環」を意識した2カ月にするなど、それぞれの原則の特徴と季節や学校行事に合わせて考えてみましょう。

*本書p.29にしたがい幾何学の原則は除いています。しかし、幾何学の原則は継続的に学び続ける原則として位置づけており、朝の時間や総合的な学習の時間(総合的な探究の時間)などで継続的に扱うことができるでしょう(p.42-53参照)。

ワークシート1 ■「ハーモニー原則」

|  | 1学期 | 2学期 | 3学期 |
|---|---|---|---|
|  | 4〜5月 | 9〜10月 | 1〜2月 |
| ハーモニー原則 |  |  |  |
|  | 6〜7月 | 11〜12月 | 3月 |
| ハーモニー原則 |  |  |  |

※「ハーモニー原則」についてはp.56-90参照。丁寧に「ハーモニー原則」をはぐくみたい場合は、1学期に1つの「ハーモニー原則」を設定し、年間で3つの「ハーモニー原則」にすることもできます。

## 2. 価値観づくり

次に、皆さんの学校ならではの価値観について考えます。あなたの学校でいつまでも大切にしたいものは何ですか?特に持続可能な未来や平和な社会につながる価値観について考えてみて下さい。このような問いを一緒に考えることで、皆さんの学校独自の価値観が見えてくるはずです。学校づくりの原点となる価値観は「持続可能性の文化」を構築するための根幹になります。

### Step 1

学校づくりに関わる教職員や子どもたち、保護者や地域の人々と話し合いの場を設けます。

### Step 2

私たち自身の持続可能な社会、そして将来世代の持続可能な社会にとってもっとも重要だと感じる価値観について、まず一人ひとりで考えてみましょう。

例えば、次のような問いを投げかけます。

**「子どもたちが大人になっても大切にしてくれたらいいな、と思うものは何ですか?一人1つだけあげて下さい。目に見える具体的なものでもいいですし、習慣や伝統などの目に見えないものでも構いません。」**

例1) たとえ自分の考えと違っていても、他者の考えを尊重する人であってほしい。
例2) 困っている人を見たら、進んで手を差し伸べるような人であってほしい。
例3) 地球を大切にする心をもち続けてほしい。

※Step5で6つの価値観にしぼるので、ここでは6つ以上の価値観に関する文章が生まれるように参加者の人数に合わせて調整します。

## Step3

Step2の回答を皆で共有します。その価値観をなぜ重要だと感じたか、理由を分かち合いましょう。

## Step4

Step2の回答を抽象的な価値観に置き換えていきます。

| Step2の回答 | ▶抽象的な価値観 |
|---|---|
| 例1）たとえ自分の考えと違っていても、他者の考えを尊重する人であってほしい。 | 尊敬 |
| 例2）困っている人を見たら、進んで手を差し伸べるような人であってほしい。 | 愛 |
| 例3）地球を大切にする心をもち続けてほしい。 | ケア |

※尊敬、友情、自由、平和など抽象的な言葉の例はp.27参照。

## Step5

Step4であがった価値観の中から、もっとも重要だと思うものを6つ選び、この6つを学校の象徴的な価値観とします。

## Step6

年度を通して全学年共通の価値観を6つ設定します。どの時期にどの価値観を学ぶことが最適なのかを話し合い、6つの価値観を②価値観に当てはめていきましょう（**ワークシート2**）。
ワークシート1で設定した①ハーモニー原則も下の表に記入し、「ハーモニー原則」と価値観を関連づけて考えてみましょう。

※丁寧に価値観をはぐくみたい場合は、1学期に1つの価値観を設定し、年間で3つの価値観にすることもできます。

### ワークシート2 ■「持続可能性の文化」の土台

|  | 1学期 | 2学期 | 3学期 |
|---|---|---|---|
|  | 4～5月 | 9～10月 | 1～2月 |
| ① ハーモニー原則 |  |  |  |
| ② 価値観 |  |  |  |
|  | 6～7月 | 11～12月 | 3月 |
| ① ハーモニー原則 |  |  |  |
| ② 価値観 |  |  |  |

※年間で6つの「ハーモニー原則」および6つの価値観を1回ずつ取り上げます。つまり卒業までに6回くり返します。このサイクルは、異なる発達と学習段階においてくり返し価値観を見つめ直す機会を子どもたちに与えます。発達段階によって価値観をとらえる観点に変化が見られ、価値観が一人ひとりの子どもに醸成されていきます。

## Step 7

リストが完成したら、その価値観を学校の中心に据え、学校生活だけではなく日々の暮らしの中でも意識するようにしてみましょう。

## Step 8

帰りの会の時間などを通じて定期的に価値観を教職員と子どもたち、保護者とも共有します。例えば、価値観に関連したエピソードや実践をニュースレター等で分かち合うのもよいでしょう。
※具体例はp.26-29参照。

ここまで学校全体で「持続可能性の文化」づくりを行ってきました。次は、この文化形成とも深く関わる「学びの問い」づくりに挑戦します。教師一人で、または学年で話し合いながら検討することもできます。さらには学年を越えて皆で話し合うこともできるでしょう。

## 3. 持続可能な未来に向けた「学びの問い」づくり

学校では答えること、しかも正しい答えを出すことが否応なしにも子どもに求められてきました。しかし、「持続可能性の文化」を創るときに期待されるべきことは良質な問いを教師と子どもが共有することです。子どもたちが引き込まれるような根源的な問いを立て、そこから教科へと目を向けていき、教科間のつながりを意識した「学びの問い」をつくります。この「学びの問い」によって異なる教科がつながりのある統合的な学びへとシフトしていきます。

### Step 1

これまで学校全体で考えてきた「ハーモニー原則」と価値観を記入します（ワークシート3）。「ハーモニー原則」と価値観は「学びの問い」をつくるうえでの手がかりにもなりますし、学びを学校生活の暮らしへと導くものとなるでしょう。

### Step 2

持続可能な未来につながる「学びの問い」を考えます。ここでいう問いとは、正答のない問いです。「学びの問い」を記入しましょう（ワークシート3）。

～良質な「学びの問い」をつくるための5つのヒント～

1. **子どもたちの好奇心から生まれる問い**
   例）「水はどこからくるのでしょうか？」
2. **生涯にわたって問い続けられる答えのない問い**
   例）「幸せとは何でしょうか？」
3. **教科間で共同で取り組める問い**
   例）「戦時中の市民生活から何を学ぶことができますか？」＊p.52 参照
4. **自然界のライフサイクルに関する問い**
   例）「なぜ蜂はとても賢いのですか？」＊p.36参照
5. **Why? What? How? を使った問い**
   例）「なぜ自然は美しいのでしょうか？」「地球の健康にとって一番大切なものは何ですか？」
   「どのようにすれば調和しながら生きていけますか？」

ワークシート3 ■「持続可能性の文化」と「学びの問い」

| | 1学期 | 2学期 | 3学期 |
|---|---|---|---|
| | 4〜5月 | 9〜10月 | 1〜2月 |
| ① ハーモニー原則 | | | |
| ② 価値観 | | | |
| ③ 学びの問い | | | |
| | 6〜7月 | 11〜12月 | 3月 |
| ① ハーモニー原則 | | | |
| ② 価値観 | | | |
| ③ 学びの問い | | | |

以下は、6年生の一例です。他の学年に関しても同様の方法で「ハーモニー原則」を中心に価値観と「学びの問い」を関連づけていきます。価値観の「（　）」は各学年に合わせて焦点を絞ったり、より具体的な内容を示したりするのに用いています。

| | 1学期 | 2学期 | 3学期 |
|---|---|---|---|
| | 4〜5月 | 9〜10月 | 1〜2月 |
| ① ハーモニー原則 | 循環 | 相互依存 | 健康 |
| ② 価値観 | 責任（次世代への責任など） | 信頼（お互いさま） | 幸せ（笑顔でいること） |
| ③ 学びの問い | 次世代に手渡したいバトンは何ですか。 | 人はなぜ人を助けるのでしょうか。 | 自分の健康と地球の健康はどのようにつながっているのでしょうか。 |
| | 6〜7月 | 11〜12月 | 3月 |
| ① ハーモニー原則 | 多様性 | 適応 | ひとつらなり |
| ② 価値観 | ケア（少数派への想像力） | 勇気（自らを他者に合わせる、譲る） | 共生（生きとし生けるものの尊厳） |
| ③ 学びの問い | 多数決の功罪は何でしょうか。 | 生きていくうえで譲れないものは何ですか。 | なぜ人は戦争をするのでしょうか。 |

# 4. 「学びの問い」を 各教科につなげる

「学びの問い」が設定されたら、各教科と関連づけていきます。「問い」は学びを意味のあるものにする重要な鍵です。ここでは、各教科の単元に着目し、単元を「問い」という形で示していきます。

「ハーモニー原則」、価値観、「学びの問い」は2カ月または1学期で固定して設定してありますが、教科の問いと活動は、単元ごとまたは週ごとに設定することもできます(p.42-53参照)。

## Step1

❶にこれまでの「ハーモニー原則」と価値観を記入します。そして、❷にワークシート3の「学びの問い」を書きましょう(**ワークシート4**)。

## Step2

その「学びの問い」を子どもたちが深められるのはどの教科のどの単元でしょうか。全教科の「問い」を考えるというよりも、プロジェクトを作りやすい教科と単元を見つけ、実践しやすい教科から取り入れてみると良いでしょう。❸にその教科を記入します(**ワークシート4**)。

## Step3

選んだ教科で「ハーモニー原則」、価値観、「学びの問い」と関連づけられる単元は何でしょうか。探究していくテーマを問いの形式にして❹に問いを記入しましょう(**ワークシート4**)。

ワークシート4 ■「学びの統合」

| | ❶ ハーモニー原則: | 価値観: |
|---|---|---|
| 学びの問い | ❷ | |
| 教科 | 探究テーマ(問い形式で記載) | 活動 |
| ❸ | ❹ | ❺ |
| | | |
| | | |
| | | |
| | | |
| | | |
| | | |
| | | |

## Step4

❹の問いを深められる活動を考え、❺に記入します（ワークシート4）。ここでは問いから活動を発想する順序でガイドしていますが、実際に考えるときは、問いと活動、さらには「ハーモニー原則」、価値観、「学びの問い」を往還しながら問いと活動を生み出していく作業となります。

## Step5

決まったら、いよいよ実践してみましょう！

### 例）1年生1学期（低学年）

| | ハーモニー原則：適応 | 価値観：所属 |
|---|---|---|
| 学びの問い | 自分の好きなところ/学校の好きなところはどこですか？ | |
| 教科 | 探究テーマ（問い形式で記載） | 活動 |
| 算数 | 身長は両腕の長さと同じでしょうか。 | 広げた手の親指の先から小指の先までの長さを使って測定してみましょう。 |
| 生活 | 学校には何があるでしょうか。 | 上級生に学校を案内してもらいましょう。 |
| 体育 | 呼吸にはどんな種類があるでしょうか。 | 目を閉じて、お腹の呼吸、鼻の呼吸、胸の呼吸の違いを体験してみましょう。 |
| 図画工作 | 手はどんなかたちをしているでしょうか。 | 自分の手形を写し取って、手ができることを考えてみましょう。 |

### 例）4年生1学期（中学年）

| | ハーモニー原則：多様性 | 価値観：尊敬 |
|---|---|---|
| 学びの問い | なぜ自然は美しいのでしょうか。 | |
| 教科 | 探究テーマ（問い形式で記載） | 活動 |
| 算数 | 自然にはどのような形があるのでしょうか。 | コンパスで自然の形状の作図をしましょう。 |
| 理科 | 暖かい季節に元気になる生き物は何でしょうか。 | 春に活動している生き物を探し、その生き物と春の気温の関係を調べましょう。 |
| 図画工作 | 自然にはどのような色があるのでしょうか。 | 校内で見える自然風景を絵の具を使って描いてみましょう。 |

### 例）6年生3学期（高学年）

| | ハーモニー原則：健康 | 価値観：幸せ |
|---|---|---|
| 学びの問い | 自分の健康と地球の健康はどのようにつながっているのでしょうか。 | |
| 教科 | 探究テーマ（問い形式で記載） | 活動 |
| 国語 | 人は何のために生きているのでしょうか。 | 短歌や俳句で表現してみましょう。 |
| 理科 | 生き物が健康であるためには何が必要でしょうか。 | 私たちと身近な生き物とのつながりを意識して描いてみましょう。 |
| 音楽 | 歌にはどのような力があるのでしょうか。 | みんなで喜びを歌にしてみましょう。 |
| 家庭 | 美味しい食事には隠し味があるのでしょうか。 | 大切な人への献立をつくってみましょう。 |

# 実践してみよう！
## 〈プロジェクトにつながるアクティビティ集〉

ここではハーモニープロジェクトHP[https://www.theharmonyproject.org.uk/category/education/]に掲載されているアクティビティを参考に、小学校低・中・高学年別の実践アイディアを例示します。授業にハーモニー原則を取り入れる際の参考にしてみてください。これらのアイディアは、小学生を対象に作成しましたが、中学生向けにも応用することができます。発達段階を考慮してアレンジを加え、実践してみましょう。

また、これらのアクティビティを通して生まれた作品は以下の2つの方法で、英国のハーモニープロジェクトの本部と共有することもできます。

・info@theharmonyproject.org.ukに英文メールを送る。
・#theharmonyproject,や@HarmonyOrgUKをつけてSNSに投稿をする。

## 幾何学の原則

### ・自然の形状を描いてみよう (中学年向け)

紙とコンパスを用意してください。まず、円を1つ描きます。次に、最初に描いた円の弧の上にコンパスの針を置き、2つ目の円を描きましょう。2つの円が重なる部分が「ヴェシカパイシス」と呼ばれる、自然界に見られる形状です。この形状が自然界のどこにあるのかを探してみましょう。例えば、魚のからだや、花びらに見出せます。見つけたら、よりそれらしく見えるように絵や色を加えてみましょう。

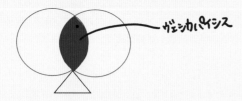

### ・自然の形状を見つけよう (高学年向け)

外に出て、自然にどのような形状があるかを探してみましょう。例えば、蝶の羽や鳥の羽の模様、葉の形、花びらに特定の形状を見出せます。まずは、葉や花など注目するテーマを1つ決め、それぞれ異なる種類でも共通している形状を探してみると、取り組みやすいでしょう。自然の形状を見つけたら、スケッチをして、自分の思うままに色をつけてみましょう。

## 循環の原則

### ・自然のいのちを探しに行こう (低学年向け)

森に入って観察をしてみましょう。そこには生まれてきたばかりの芽、大きくなった幹、朽ちていく葉っぱなど、実に様々な〈いのち〉のにぎわいが見られます。人間も同様に子どもから大人になり、老いていのちを全うさせます。スケッチブックに、森にある「生まれてきたもの」と「死んでいくもの」を観察して描いてみましょう。

### ・ゴミの人生を考えよう (低学年向け)

時間を決めて学校の周りのゴミ拾いをしてみましょう。集めたゴミの中から気になるゴミを1つ選び、そのゴミに目や口、鼻や手足をつけて〈いのち〉を吹き込みます。次に、「その子」はどこからやってきたのか？名前は？年齢は？なぜあなたが拾った場所に残されていたのか？本当はどこへ行きたかったのか？を想像し、「その子」のライフストーリーを作ってみましょう。

## 相互依存の原則

### ・私は誰のおかげでここにいるの？ (中学年向け)

自分がなぜここにいることができているのかを考えます。おうちの人に助けてもらいながら家系図を作成してみましょう。次にご先祖さまはいつの時代にどんなことをしていたのか、できるだけ詳細に調べ、家系図に書き込みます。その後、家系図を参考に「なぜ私はここにいるのか」というテーマで作文を書いてみましょう。一緒に過ごしているおうちの人に自分と初めて出会ったときにどんなことを思ったのかを聞いてみるのも良いかもしれません。

### ・相互に依存する世界を見てみよう (高学年向け)

冷蔵庫や食品戸棚を開けてみてください。そこにある食べ物の名称と生産国を紙に書き出してみましょう。次は食品の生産地を世界地図と照らし合わせてみます。すると、今手元にある食べ物がどんな旅をしてきたのかを知ることができます。一番の長旅をしてあなたのもとにやってきた食べ物は何でしたか？

## 多様性の原則

### ・人の多様性を知ろう（中学年向け）

一人ひとりがどれほど差異ある存在であるかを発見するインタビューをしてみましょう。まずは、インタビューの質問項目を考えます。例えば「何をすることが好きですか」や「好きな場所はどこですか」、「もっとも幸せだと感じるときはいつですか」など、その人らしさを知ることができる質問を3つほどあげてください。その際、「なぜ」や「どのように」を使うと深まるかもしれません。質問とその回答は記録しておくと周囲の人々の多様性がよく分かります。

### ・地域の植物の専門家になろう（高学年向け）

身の回りにある様々な木や花の写真を撮ってみましょう。まず、写真に撮った木や花の種類を調べてみます。その際、本やインターネットが役立つでしょう。特に形や色、肌理に注目してください。次に、特定した木や花と同じ種類の植物を探してみましょう。例えば、その花が金木犀だとすると、金木犀と同じ種類の花としては同じモクセイ科のヒイラギなどがあります。最後に、撮影した写真など一連の情報を1つの冊子にまとめましょう。植物の多様性のみならず同種内の多様性にも気づくでしょう。

## 適応の原則

### ・50年後はどんな街？（中学年向け）

ペンとメモをもって散歩に出かけます。あなたが歩いた道路や通りの名前の記録を残してみましょう。学校に戻ったら、学校周辺の地図をGoogleマップで開き、メモした道路や通りの名前を利用して、その地図に散歩をしたルートを書きます。次にあなたが歩いた街や通りは50年後にどうなっているか考えます。想像を膨らませて、「こうなってほしい」、「ああなってほしい」を詰め込んだ50年後の地図を作ってみましょう。

### ・自然界の素晴らしいデザインを探してみよう（高学年向け）

自然界の生き物は見事に周囲の環境に適応しています。あなたが住んでいる地域に生息している様々な生き物を観察しましょう。観察をしたら、自然界の素晴らしいデザインを取り入れるバイオミミクリーという発想法で、新しい物やデザインを考案してください。例えば、航空機は鳥にインスパイアされて創られましたし、海の生き物は潜水艦の着想につながりました。自然に潜む模様に着目しても面白いデザインが生まれるでしょう（バイオミミクリーについてはp.78参照）。

## 健康の原則

### ・土と私を健康にする食事をしよう（低学年向け）

土の健康は私たちの健康につながります。朝ご飯を作る過程で出た生ゴミを家からもってきて、学校でコンポストを作りましょう。コンポストでできた肥料を使って野菜を育てます。収穫をした野菜は家にもち帰っておうちの人に調理してもらいましょう。自分の手で土から育てた野菜の味をおうちの人と話しながら楽しくいただきます。調理の過程で出た生ゴミはまた学校にもっていき、コンポストに入れて、肥料に生まれ変わるようにします。

### ・光の害について考えよう（高学年向け）

自然界の多くの動植物は太陽の動きに合わせて生活をします。太陽が登れば活動をはじめ、太陽が沈むと休息をとるのが本来の生活のリズムです。ところが近年、24時間営業のお店のような自然に逆らった人間のライフスタイルによって、太陽が沈んだ夜でも人工的な光で地球は明るい状態が続いています。この光害によって自然界の生態系が不健康になったり、夜空の星が見えなくなったりしています。人間と動植物の生活リズムを本来のものに戻すためにはどうしたら良いでしょうか。みんなで話し合い、問題解決のためのアクションプランを実行してみましょう。

## ひとつらなりの原則

### ・身体のリズムを感じよう（低学年向け）

毎日数分、自分の呼吸に集中する時間をとってみてください。荒い呼吸ではなく、落ち着いた自然な呼吸です。そして、呼吸をしているときに身体が感じていることについて考えてみましょう。例えば、息を吸ったり吐いたりするときの胸部の感覚や、口と鼻を通る呼吸の流れなどです。次に、呼吸の流れが自分をどのような気分にさせているかを感じてみましょう。

### ・自然の中に身を置いてみよう（中学年向け）

外に出て、公園や森林など自然にあふれた場所へ行ってみてください。そこで5分間立ち止まり、感覚を研ぎ澄ませて自分の周りにあるものを探しましょう。目を閉じて音を聞いても良いですし、匂いを嗅いだり、目を凝らしてじっくり見つめたりしても良いです。ここではあえて写真を撮ったり録音をしたりせず、自分の記憶にしっかりと留めておきましょう。そして屋内に戻ったら、自然の中での記憶を言葉や絵、詩として表現します。作品ができたらそれを仲間と共有しましょう。

## ダン校長への質問と回答

「ハーモニーの教育」の素晴らしさを日本の学校の先生方にすると、決まって受ける質問があります。ここでは、典型的な質問をご紹介し、実際にダン校長にたずねたときの回答をご紹介します。紙幅の関係で監訳者による要約となりますことをご了解ください。

**Q1.** アシュレイ小学校の実践は素晴らしいです。でも、傑出した校長先生だから優れた実践ができているのではないでしょうか?普通の校長先生にもこのようなことができるのでしょうか?

ハーモニー原則にはビジョン、そして勇気が求められます。したがって、校長先生がいかなるリスクをも覚悟しないようでは、うまくいかないかもしれません。しかし、新型コロナウイルスによる災いを経た今、たくさんの校長先生が従来の教育を見直し、より創造的な学びに強い関心を示すようになりました。彼らは教科書を教えるだけでなく、実際の暮らしの中で学ぶことの重要性を唱えており、とても心強いです。ハーモニー原則はこうした先生方の道しるべになるにちがいありません。

**Q2.** 教員養成はどうしているのですか?

アシュレイ小学校では、一般的な教員養成とは異なるトレーニングを先生たちは経ていると言えましょう。新学期がはじまる前に先生たちはプロジェクトの可能性について膝を交えて話し合い、色々なアイディアを自由に分かち合い、各学年に相応しい問いやプロジェクトを決定します。だいたい4人ほどのグループ討議を行います。多様な考えを共有できるように、学年を混ぜて話し合うようにしています。司会は校長が行うこともあれば、教師がとりもつこともあります。この研修のユニークなところは、各教科で何を教えるかという議論の前にハーモニー原則を吟味するという段階を経ることです。つまり、プロジェクトが先にありきで、その後に教科の内容が当てはめられていきます。基礎的な知識や技能もあくまでもプロジェクトに取り組む過程で習得されていきます。

**Q3.** 国のカリキュラムとは異なるようにも思われますが、政府の基準に従いなさい、というような指導はないのですか?

アシュレイ小学校のカリキュラムはナショナル・カリキュラムに準じています。ただし、各々の知識やスキルをプロジェクトの中できちんと活かそうとしているのがユニークなところです。大事なことは、適切なバランスをとること。プロジェクトを進めつつ、同時に標準テストをこなしていくことは十分に可能です。

**Q4.** プロジェクト中心の学習だと基礎学力を習得しない生徒もいるのではないですか?

基礎学力を習得することはこのうえなく重要です。ただ、基礎的な技能を身につけるときも、取り組んでいるプロジェクトと結びつけることが大切です。例えば、文字を暗記型で習得させるよりも、プロジェクトの一環として実際に地域の人に覚えるべき文字を活用して手紙をしたためるような工夫が大切なのです。このような目的意識をもつことは単に暗記させるよりもはるかに重要な学力保証になります。

**Q5.** どのように生徒の学びを評価しますか?

毎学期、いずれの主要科目でも一般の評価が先生によってなされます。成績を通して子どもたちが教科で自信を身につけ、安心感を抱くことは大切です。しかし、このことだけが目的となるなら、学習はとても退屈なプロセスとなるでしょう。私たちが「グレート・ワーク」という学習成果の「祝福」を学期の中盤や終盤に行うのはそのためです。「グレート・ワーク」では、子どもたちは保護者や地域の人々を前に創造的に生き生きと発表を行います。

**Q6.** 卒業生に特徴はありますか?

サスティナビリティに焦点を当てた教育だからでしょうか、地理学のような分野を専攻する卒業生は少なくありません。また、ケアに関する職業に就く卒業生もたくさんいます。ごく一例ですが、私の長男はアシュレイ小学校を卒業し、現在、ケンブリッジ大学のエマニュエル・カレッジで医者になるための訓練を受けています。「ハーモニーの教育」を受けた卒業生の多くは自分が大好きな、そして情熱を傾けられる何かを見つけ、夢を追いかけていると言えます。

**Q7.** 教員の異動はないのですか?先生は平均で何年くらい勤めていますか?

ここ、イングランドではそのような異動の制度はありません。アシュレイ小学校はとてもハッピーな学校ですので、多くの教師は長年勤めています。20年近く勤務していた先生もいるのです。ただ、より責任のあるリーダーシップの経験を積むために他校へ異動する先生もいます。

# むすび

リチャード・ダン先生は、2019年11月に18年間務めたアシュレイ小学校の校長を退きました。子どもたちや保護者にこのうえなく惜しまれながらの早期退職であったようです。理由は、本格的に「ハーモニー原則」を世界に広める仕事に専心するため。ふり返りみれば、本書の序文でふれたダンフリーズ・ハウスでのチャールズ皇太子を囲んだ集いはその第一歩ともいえる会議だったのです。

2020年の年明けからあっという間に世界中を席巻した新型コロナウイルスですが、ダン先生の暮らすイギリスでも首都が封鎖され、多くの活動が停止状態となりました。ロックダウンが実施されて3週間後にオンラインで会話をしたときは少しやつれた様子でしたが、これからの時代こそハーモニー原則が必要とされるに違いない、と力強く語っておられました。チャールズ皇太子の「ハーモニー原則」を農業分野で広めている「サスティナブル・フード・トラスト」のホームページでダン先生は次のように記しています。

かつて誰もが経験したことがないような状況に私たちは適応しています。今回、もたらされたあらゆる挑戦を通して次のような認識が広がりつつあります。つまりそれは、このパンデミックが私たちの世界のあり方について何か大切なメッセージを伝えているのだという認識であり、そして新たな世界に抜け出たとき、それはどのように変わっていかなければならないのかという認識です。

また、コロナ禍の前は年間6.6百万トンであったイギリスの食料廃棄がどのように変化するのか注視したいと述べ、新型コロナウイルスの影響で人々の価値観が変容していく中、教育も新たなストーリーが創られていくであろう、と語っています。まさにピンチはチャンス。パンデミックは歴史的な災難ですが、それを好機ととらえようという姿勢です。

パンデミックを引き起こしたのは人間の止めどない自然破壊の結果、野生動物との距離が接近しすぎたためであるという考えは、多くの科学者らに支持されています。コミュニケーション・スキルや問題解決スキルなど、とかくスキル習得に重きを置きがちな昨今の教育ですが、ポスト・コロナ時代に求められるのは、問題を解決するスキルと同時に問題を生み出さない価値観や態度ではないでしょうか。くり返される環境問題に象徴されるように、生み出された問題をテクニカルに解決しても、また新たな問題が生み出されてしまうような社会のあり方そのものをとらえ直すことが今、求められています。

教育を根源的にとらえ直す際に有効なのは、新たなビジョンとそれを具現化する原則と適切なアプローチをもって学び全体をデザインし直すことと言えます。国連はじめ国際社会が標榜しているように、ビジョンを持続可能性や持続可能な未来とするのであれば、その実現のための確実な方途はまさに「ハーモニー原則」であり、それをもとに新たな時代の価値観を創り出していくことであるといえましょう。本書が来たるべき時代に向けた教育再生の一助となれば幸いです。

チーム・ハーモニー代表

永田佳之

---

'Harmony in Education at a Time of Crisis' Sustainable Food Trustホームページ
https://sustainablefoodtrust.org/articles/harmony-in-education-at-a-time-of-crisis/ （最終閲覧日：2020年3月27日）

人生の目的は
調和のうちに生きることを
学ぶことです。

写真：シャモニー近くのジャルダンデシームにある、アルプ
　スの素晴らしい景色が広がるコミュニティガーデン

凡例
1. 本文は Richard Dunne (2019). *Harmony : A New Way of Looking at and Learning about Our World A Teachers' Guide* の全訳である。
2. 本文中の脚注は訳者が加筆したものである。
3. 著者の学校の価値観と合わせるため、'student'は「子どもたち」と訳している。
4. 'Teacher'は教師、'Staff'は教職員と訳している。
5. 「校長」等の職位や所属は2019年10月時点のものである。
6. 学校に関するプライベートな情報については著者の了解のもとに省略した。

ユナイテッド・スタジオによるデザイン
私たちユナイテッド・スタジオはハーモニーの教育プロジェクトに関わり、サポートできることをとても誇りに思っています。私たちのチームはハーモニーのビジョンや目的、達成しようとしていることに情熱を注いでいます。私たちの子ども2人がアシュレイ小学校の教育を通して価値観に基づく手法を経験し、取り組み、学び、成長し、世界に貢献しました。リチャードに導かれ、私たちの創造的な思考とデザインのスキルがこのプロジェクトを生き生きとさせるために貢献することができ、とても嬉しく思っています。

訳者について

# 永田佳之

聖心女子大学現代教養学部教授。国際基督教大学大学院教育学研究科博士後期課程修了、博士（教育学）。日本国際理解教育学会副会長、学校法人アジア学院評議員、フリースペースたまりば理事、聖心女子大学グローバル共生研究所副所長、ユネスコ/日本ESD賞国際審査委員などを務める。2007年より現職。主な著書に『変容する社会と日本のオルタナティブ教育－生を優先する多様性の方へ』（編著／世織書房）、『新たな時代のESD：サスティナブルな学校を創ろう－世界のホールスクールから学ぶ』（共著／明石書店）、『気候変動の時代を生きる－持続可能な未来へ導く教育フロンティア』（編著／山川出版社）、Helen E. Lees and Nel Noddings (eds.). *The Palgrave International Handbook of Alternative Education.* (共著／Palgrave Macmillan)など。

## 神田和可子

聖心女子大学大学院博士後期課程人間科学専攻教育研究領域。聖心女子大学を卒業後、社会人およびブラジルでのボランティア経験を経て大学院へ。ESDにおける変容的学習の研究やJICA草の根技術協力事業に取り組む。共著書に「英国アシュレイ・スクールによる学校まるごと気候変動アクション」（『気候変動の時代を生きる－持続可能な未来へ導く教育フロンティア』所収）(2019年3月、山川出版社)。

## 安齋麻友子

聖心女子大学大学院博士前期課程人間科学専攻教育研究領域。聖心女子大学卒業後、ユネスコが推進する価値教育に関心をもち、大学院に進学。共編著に『サスティナブル・キャンパス構想に向けたアイデアと知見：聖心女子大学の現状と国内外の実践事例からの展望』(持続可能な社会の創り手育成に向けたPBLの推進事業報告書)（2020年5月、聖心女子大学)。

## 本川絢子

聖心女子大学大学院博士前期課程人間科学専攻教育研究領域。共著書に『サスティナブル・キャンパス構想に向けたアイデアと知見：聖心女子大学の現状と国内外の実践事例からの展望』(持続可能な社会の創り手育成に向けたPBLの推進事業報告書)（2020年5月、聖心女子大学)。

## 安田侑加

マンチェスター大学教育環境開発学部国際教育コース専攻。聖心女子大学在学中から学内外の機会を通じてESDを学ぶ。ESDの伝わりづらさへの問題意識から、Western Epistemic PrivilegeとESDの関係性を研究している。

## 吉田眞希子

京田辺シュタイナー学校（ユネスコスクール）からユナイテッド・ワールドカレッジ（IB校）を経てサスティナブル大学として定評のあるアトランティックカレッジ・ヒューマンエコロジー学部を卒業。北米の障害者とともに生活する有機農場（キャンプヒルコミュニティ）在住。

ワークシートを作成するにあたり、次の先生方にご助言をいただきました。心よりお礼を申し上げます。

淺野亮先生（気仙沼市・宮城教育大学連携センター主任運営員（運営統括））、飯干望先生（横浜市立永田台小学校教諭）、鈴木陽子先生（東京都目黒区立五本木小学校指導教諭）、住田昌治先生（横浜市立日枝小学校校長）、谷山知宏先生(宮城県気仙沼市立面瀬小学校校長)。

# ハーモニーの教育
### ポスト・コロナ時代における世界の新たな見方と学び方

2020年7月20日　第1版第1刷印刷
2020年7月30日　第1版第1刷発行

著　者　リチャード・ダン
監修・監訳　永田佳之
翻　訳　神田和可子、安齋麻友子、本川絢子、安田侑加、吉田眞希子
発行者　野澤伸平
発行所　株式会社山川出版社
　　　　〒101-0047 東京都千代田区内神田1-13-13　電話 03-3293-8131 (営業)　1802 (編集)
　　　　https://www.yamakawa.co.jp/／振替 00120-9-43993
印刷・製本　図書印刷株式会社

©2020 Printed in Japan　ISBN978-4-634-15168-0

FSC
www.fsc.org
ミックス
責任ある木質資源を使用した紙
FSC® C013238